中小企業会計基準の課題と展望

櫛部幸子
Kushibe Sachiko

同文舘出版

はしがき

　我が国において，2005年8月，日本税理士会連合会・日本公認会計士協会・日本商工会議所及び企業会計基準委員会より，中小企業の会計基準ともいうべき「中小企業の会計に関する指針」が公表され，その後毎年改訂が加えられている。しかし，その普及が思わしくなく，新たに「中小企業の会計に関する基本要領」が，中小企業庁・金融庁より2012年2月に公表されている。

　「中小企業の会計に関する基本要領」は，「中小企業の会計に関する指針」に比べ，さらなる会計処理の簡略化が行われている。また，国際会計基準の影響を排除したボトムアップ・アプローチ型の会計基準として策定されている。

　しかし，中小企業に対し2つの会計基準が存在する我が国の状況は，中小企業会計実務に新たな混乱をもたらすものである。問題の一つは，両者の兼ね合いである。両者を共存させていくのか，もし共存させるのであれば，中小企業をどのような基準で区分し適用させていくのか，あるいは共存させないのかである。

　さらに，国際的な動向として，国際会計基準審議会：IASB (International Accounting Standards Board) によって2009年7月に公表された「IFRS for SMEs (International Financial Reporting Standard for Small and Medium-sIzed Entities)」がある。これは，世界各国それぞれに存在する中小企業のための会計基準をIFRS for SMEsに統一し，グローバル化が進む中小企業経営において，財務諸表の国際的な比較可能性を高めようという目的から策定されたものである。

　今後，我が国における中小企業会計基準は，どのような方向へ向かうのであろうか。本書では，「中小企業の会計に関する指針」，「中小企業の会計に関する基本要領」，「IFRS for SMEs」の3つの中小企業会計基準の策定経緯，

策定目的，会計処理等の違いや共通点を明らかにすることにより，我が国における今後の中小企業会計基準の動向を検討している。

本書では，第Ⅰ部を「IFRS for SMEs の策定と内容」，第Ⅱ部を「我が国における中小企業会計基準」とし，現在，中小企業会計基準として2つの基準が並存する我が国の現状の問題点を指摘し，「中小企業の会計に関する指針」，「中小企業の会計に関する基本要領」，「IFRS for SMEs」の適用可能性を明らかにしている。

第Ⅰ部第1章では，IFRS for SMEs の公開草案段階までの策定経緯を中心に整理し，討議資料・予備的見解の公表，公開草案の公表，公開草案に対するフィールドテストに至るまでの審議内容を明らかにしている。第2章では，IFRS for SMEs の特徴の一つであるクロスレファレンスが最終的に削除されるに至った経緯を明らかにしている。第3章では，クロスレファレンスに関するコメントレターの記述的分析と統計的分析を展開している。第4章では，IFRS for SMEs の特徴の一つである認識・測定の簡素化，除外をより具体的にする礎となったスタッフアンケート・各会議の審議の内容をとりあげ，公開草案においてこれらの結果がどのように影響しているのかを明らかにしている。第5章では，IFRS for SMEs 完成版の具体的内容を明らかにし，IFRS for SMEs を策定した IASB の真の意図を明らかにしている。第Ⅱ部第6章では，我が国における中小企業の会計基準策定の最初の動きとして「中小企業の会計に関する研究会」の発足と検討内容，「中小企業の会計に関する研究会報告書」の策定経緯を明らかにしている。第7章では，中小企業庁報告書，税理士会報告書，会計士協会報告書という3つの報告書における会計処理の違いを明らかにし，3者の歩み寄りにより「中小企業の会計に関する指針」が策定されたことを明らかにしている。第8章では，「中小企業の会計に関する指針」の策定経緯，会計処理，特徴を明らかにし，3つの報告書がどのように統合され，「中小企業の会計に関する指針」が策定されたのかを明らかにしている。第9章では，戦後策定された「中小企業簿記要領」をとりあげ，「中小企業の会計に関する基本要領」との共通点を指摘し，「中小企業の会計に

関する基本要領」の策定経緯，策定段階における審議内容，会計処理の特徴と問題点を明らかにしている。第10章では，我が国と同じく国内に2つの中小企業会計基準が存在する韓国・アメリカの会計基準策定の動きをとらえ，この動きの背景に国際会計基準のアドプション，IFRS for SMEs の策定があることを明らかにしている。さらにこれらの会計基準を策定方法と基準内容の両側面から分析し，各国にどのような策定意図があるのかを明らかにしている。そこで我が国における中小企業会計基準の今後の展望を述べている。

　本書は，関西学院大学に博士論文として提出した論文『中小企業会計基準に関する研究』に加筆修正を加えたものである。未熟な筆者が本書を上梓しえたのは偏に，恩師平松一夫教授の御高配によるものである。先生には，博士課程前期課程，博士課程後期課程を通じて今日に至るまで御指導・御鞭撻を賜っている。ここに重ねて厚く御礼申し上げる。本書を礎としてさらに研究を深め，先生の学恩に報いるべく，努力精進し，研究に励む所存である。

　関西学院大学の増谷裕久名誉教授，石田三郎名誉教授，梶浦昭友教授，福井幸男教授，小菅正伸教授，井上達男教授，林隆敏教授，阪智香教授，浜田和樹教授をはじめ，諸先生方より，貴重な研究の御助言・御指導を賜った。さらに，杉本徳栄教授からは，韓国の中小企業会計基準に関する資料の御提供・御教授を賜っている。石原俊彦教授，西尾宇一郎教授，山地範明教授，上田耕治教授，中島稔哲准教授，木本圭一教授，児島幸治教授，王昱教授からも，平素より御指導を賜っている。また，渡邉泉名誉教授（大阪経済大学）からは，会計研究の奥深さを御教授いただき，常に温かく見守っていただいている。大阪学院大学大学院商学研究科在籍中には，郡司健教授（大阪学院大学），河﨑照行教授（甲南大学）より会計理論を基礎から御教授いただき，現在に至るまで御指導を賜っている。齋藤真哉教授（横浜国立大学）からは，研究において有益な御示唆・御指導を賜った。上野雄史講師（静岡県立大学）からは，貴重な研究発表の機会を頂戴し，御支援・御指導を賜った。ここに深く御礼申し上げる。

　筆者に積極的な議論・研究の場を与えていただいた国際会計研究会では，

諸先生方の貴重な御意見・御指導を賜った。重ねて深く御礼申し上げる。

　鹿児島国際大学経済学部への奉職以来，同学部の先生方には快適な研究環境を与えていただいている。特に筆者と研究領域を同じくする長尾則久名誉教授，今村明代教授，青木康一准教授，および経済学部の先生方より温かい御指導を賜っている。また，宗田健一准教授（鹿児島県立短期大学）には，鹿児島での研究において御支援・御指導を賜っている。御高配に深く御礼申し上げる。

　本書は，津曲学園　鹿児島国際大学の出版助成によるものである。津曲学園　鹿児島国際大学の多大なる御支援に心から感謝申し上げる。

　末筆ながら，出版事情の厳しい中，本書の出版を快くお引き受けいただいた同文舘出版株式会社の中島治久社長，編集・校正の過程で御助言と御高配を賜った青柳裕之氏，その他各関係の皆様にこの場を借りて御礼申し上げる。

2016 年 3 月

櫛部　幸子

目　次

第Ⅰ部　IFRS for SMEs の策定と内容

第1章　IFRS for SMEs 公開草案の策定経緯

Ⅰ　IFRS for SMEs 策定への動き ───────────── 6
Ⅱ　IFRS for SMEs の策定経緯 ────────────── 7
　　1　プロジェクトの経緯　7
　　2　IFRS for SMEs の名称の変遷　9
Ⅲ　IFRS for SMEs の討議資料 ───────────── 10
　　1　討議資料の公表とコメント募集　10
　　2　討議資料へのコメントに対する IASB の対応　11
　　3　認識と測定の簡素化，除外の可能性についての
　　　　スタッフアンケート　11
　　4　認識と測定に関する公開円卓会議　12
　　5　公開草案につながる審議　12
Ⅳ　IFRS for SMEs の公開草案 ───────────── 14
　　1　公開草案公表のプレスリリース（2007年2月15日）　14
　　2　公開草案の内容　14
Ⅴ　IFRS for SMEs 公開草案のフィールドテスト ───────── 16
　　1　フィールドテストのプレスリリース（2007年6月18日）　16
　　2　フィールドテストの内容　17
Ⅵ　IFRS for SMEs プロジェクトの
　　目的と必要性についての検討 ───────────── 18
　　1　討議資料における目的と必要性　18
　　2　公開草案における目的と必要性　18
Ⅶ　IFRS for SMEs 策定にみる IASB の意向 ───────── 19

第2章 IFRS for SMEs のクロスレファレンスにおける問題

I IFRS for SMEs におけるクロスレファレンス ─── 24
II クロスレファレンス削除の経緯 ─── 24
 1 クロスレファレンスの審議過程とその結果 25
III 南アフリカ・イギリス・フランスの
 IFRS for SMEs への対応 ─── 28
 1 南アフリカの対応 28
 2 EU の対応 29
IV クロスレファレンスにみる IASB の意向 ─── 31

第3章 IFRS for SMEs のクロスレファレンスに関するコメントレター分析

I IFRS for SMEs におけるクロスレファレンスの削除 ─── 36
II 先行研究 ─── 36
III コメントレター分析 ─── 37
 1 調査対象 37
 2 コメントレターの例 38
 3 IASB のアンケート結果における2群の母比率の差の
  検定による検証 38
 4 仮説 41
 5 検定結果 41
 6 IASB のアンケート結果における
  カイ二乗検定による検証 42
IV 分析結果にみる IASB の意向 ─── 44

第4章　IFRS for SMEs の認識・測定における簡素化と除外

I IFRS for SMEs の認識・測定における簡素化と
除外の可能性 ──────────────────────── 50

II 認識・測定における簡素化，除外の可能性についての
スタッフアンケート・各会議における審議事項 ─────── 50

 1 認識・測定の簡素化，除外の可能性についての
  スタッフアンケートの結果　51

 2 作業部会の推奨の内容　55

 3 円卓会議における審議の結果　57

 4 IASB スタッフの推奨　60

 5 公開草案での認識・測定における簡素化，除外の内容　62

III 認識・測定における簡素化，除外の可能性についての
スタッフアンケート・各会議における見解の比較 ─────── 64

IV 簡素化，除外に対する疑問 ─────────────────── 68

第5章　IFRS for SMEs の具体的内容と IASB の戦略

I IFRS for SMEs の完成 ────────────────────── 74

II IFRS for SMEs 公表のプレスリリース（2009年7月9日）　74

III IFRS for SMEs の対象となる会社 ─────────────── 75

IV IFRS for SMEs の策定目的 ───────────────────── 76

V IFRS for SMEs の具体的内容 ───────────────────── 77

 1 IFRS for SMEs の概念フレームワーク　77

 2 認識および測定において簡素化・除外された項目　79

 3 IFRS for SMEs と full IFRS の会計処理の違い　80

VI IFRS for SMEs にみる IASB の戦略 ──────────────── 81

VII IFRS for SMEs における今後の課題 ──────────────── 81

第Ⅱ部　我が国における中小企業会計基準

第6章　「中小企業の会計に関する研究会報告書」の内容と影響

- **Ⅰ　中小企業の会計に関する研究会報告書** ―― 86
- **Ⅱ　中小企業の会計に関する研究会** ―― 87
    - **1** 委員構成　87
    - **2** 討議内容　89
- **Ⅲ　「中小企業の会計に関する研究会報告書」の内容** ―― 91
    - **1** 「中小企業の会計に関する研究会報告書」の構成　91
- **Ⅳ　「中小企業の会計に関する研究会報告書」の影響** ―― 94
    - **1** 日本税理士会連合会の対応　94
    - **2** 日本公認会計士協会の対応　95
- **Ⅴ　中小企業の会計に関する研究会報告書策定後の課題** ―― 95

第7章　中小企業の会計を巡る3つの研究報告書

- **Ⅰ　中小企業の会計を巡る3研究報告書** ―― 100
- **Ⅱ　3つの研究報告書における会計処理** ―― 100
    - **1** 中小企業庁報告書の構成　100
    - **2** 目的　102
    - **3** 対象となる会社　102
    - **4** 判断の枠組み　103
    - **5** 中小企業の計算書類作成の基本的考え方　103
    - **6** 会計方針の変更　104
    - **7** 金銭債権　105
    - **8** 貸倒引当金　106

- **9** 有価証券　107
- **10** 固定資産　108
- **11** 繰延資産　109
- **12** 退職給与引当金・退職給付債務　109
- **13** 税効果会計　111

Ⅲ 中小企業庁報告書で言及されていない会計処理 ── 111
- **1** 外貨建取引・外貨建資産等の換算　112
- **2** ソフトウェア　113
- **3** 後発事象　113
- **4** 中間決算　113

Ⅳ 統一された中小企業の会計基準策定へ ── 114

第8章 「中小会計指針」の策定

Ⅰ 「中小企業の会計に関する指針」策定の背景 ── 118
Ⅱ 中小企業の会計の統合に向けた検討委員会の設置 ── 118
Ⅲ 「中小会計指針」の公表 ── 120
- **1** 「中小会計指針」の公表の背景　120
- **2** 「中小会計指針」の公表　121

Ⅳ 「中小会計指針」の内容 ── 122
- **1** 「中小会計指針」の構成　122
- **2** 「中小会計指針」の目的　123
- **3** 「中小会計指針」の対象　124
- **4** 「中小会計指針」の本指針の作成にあたっての方針　124
- **5** 「中小会計指針」の本指針の記載範囲および適用にあたっての留意事項　125
- **6** 「中小会計指針」が反映している報告書内容　125

Ⅴ 「中小会計指針」適用のメリット ── 128

　　　　1　中小企業側のメリット　128
　　　　2　金融機関側のメリット　129
　　Ⅵ　「中小会計指針」の特徴と今後の課題 ─────────── 129

第9章　「中小会計要領」の策定

　Ⅰ　我が国における中小企業会計基準策定の萌芽 ─────── 134
　Ⅱ　我が国における中小企業会計基準策定の経緯 ─────── 135
　Ⅲ　「中小企業の会計に関する基本要領」の策定 ─────── 137
　Ⅳ　「中小会計指針」の普及状況 ──────────────── 137
　　　　1　新日本有限責任監査法人による2007年度の実態調査
　　　　　（2008年度公表）　137
　　　　2　新日本有限責任監査法人による2008年度の実態調査
　　　　　（2009年度公表）　140
　　　　3　新日本有限責任監査法人による2009年度の実態調査
　　　　　（2010年度公表）　142
　　　　4　新日本有限責任監査法人による2010年度の実態調査
　　　　　（2011年度公表）　144
　　　　5　「中小会計指針」の普及率について　146
　Ⅴ　「中小会計要領」の公表 ─────────────────── 146
　　　　1　中小企業の会計に関する研究会　148
　　　　2　非上場会社の会計基準に関する懇談会　151
　　　　3　2つの報告書の共通点　153
　　　　4　中小企業の会計に関する検討会　153
　Ⅵ　「中小会計要領」の会計処理の特徴と問題点 ─────── 167

第10章　日本・韓国・アメリカの動向と我が国における中小企業会計基準の今後の展望

- **I　韓国・アメリカの新たな中小企業会計基準策定の動き** ── 172
- **II　3国における中小企業会計基準の策定経緯** ── 172
  - **1**　適用対象企業　172
  - **2**　アメリカにおける中小企業会計基準策定の経緯　173
  - **3**　韓国の中小企業会計基準策定の経緯　178
  - **4**　日本の中小企業会計基準策定の経緯　179
- **III　3国における中小企業会計基準の検討** ── 180
  - **1**　トップダウン・アプローチとボトムアップ・アプローチの視点からの検討　180
  - **2**　国際会計基準導入形態の視点からの検討　184
- **IV　我が国における今後の中小企業会計基準の展望** ── 187

- 参考文献 ── 191
- 参考資料 ── 197
- 参考ウェブページ ── 205
- 索　引 ── 207

略語一覧表

略語	原文	日本語
AICPA	American Institute of Certified Public Accountants	米国公認会計士協会
BRP	Brue-Ribbon Panel	ブルー・リボン・パネル
CICA	Canadian Institute of Chartered Accountants	カナダ勅許会計士協会
EFRAG	European Financial Reporting Advisory Group	欧州財務報告アドバイザリーグループ
EU	European Union	欧州連合
FAF	Financial Accounting Foundation	財務会計財団
FASB	Financial Accounting Standards Board	米国財務会計基準審議会
GAAP	Generally Accepted Accounting Principles	一般に公正妥当と認められた会計原則
IAS	International Accounting Standards	国際会計基準
IASB	International Accounting Standards Board	国際会計基準審議会
IASC	International Accounting Standards Committee	国際会計基準委員会
IASCF	International Accounting Standards Committee Foundation	国際会計基準委員会財団
IFRS for SMEs	International Financial Reporting Standard for Small and Medium-sized Entities	中小企業のための国際会計基準
KAI	Korean Accounting Institute	韓国会計基準院
KASB	Korean Accounting Standards Board	韓国会計基準委員会
NASBA	National Association of State Boards of Accountancy	全米州政府会計審議会連合会
OCBOA	Other Comprehensive Basis of Accounting	その他の包括的会計基準
PCC	Private Company Council	非公開企業評議員会
PCFRC	Private Company Financial Reporting Committee	非公開企業財務報告委員会
PCSIC	Private Company Standards Improvement Council	非公開企業会計基準改善会議

※本文中において引用文献を紹介する際に，特に省庁から公表された基準や指針，研究報告書などについては，公表物の標題を略記せずに記載しておりますのでご留意ください。

中小企業会計基準の課題と展望

第I部

IFRS for SMEs の策定と内容

第1章

IFRS for SMEs 公開草案の
策定経緯

I IFRS for SMEs 策定への動き

　現在，国際的な動向として，国際会計基準審議会（IASB）によって2009年7月に公表された「中小企業のための国際会計基準（IFRS for SMEs）（いわゆる中小企業版 IFRS）」が注目されている。

　世界に目を向ければ，我が国と同じく，各国それぞれに中小企業のための会計基準が存在する。それらを1つに統一し，グローバル化が進む中小企業経営において，財務諸表の国際的な比較可能性を高めることを目的として IFRS for SMEs が策定されたのである。この IFRS for SMEs を公表するまでに，IASB は，かなり長期にわたりデュープロセスを踏まえた作業を行っている。

　本章では，後に IFRS for SMEs 公表へとつながる動きの中から，最初の動きともいえる討議資料・予備的見解の公表，公開草案の公表，公開草案に対するフィールドテストに至るまでの審議内容について述べる。そのため本章では，IFRS for SMEs の必要性が認識され研究プロジェクトが立ち上げられた1998年4月から，2003年7月に始まった IFRS for SMEs に関する審議，2004年6月の討議資料と予備的見解の公表，2007年2月における公開草案の公表，その公開草案に対するフィールドテストやフィールドテストにおけるコメントの受付が行われた2007年11月までの動きを取り上げている。

　本章は，細かい策定経緯や各策定段階における審議内容を追うことによって，IFRS for SMEs と full IFRS が同じ概念フレームワークである真の理由，大企業向けの国際会計基準である full IFRS のみならず，経済社会を支える中小企業に焦点を当てた国際会計基準を策定しようとしている IASB の真の意向を明らかにする。

　なお，IFRS for SMEs は各策定段階において名称が異なっていたが，本書においては，それらを IFRS for SMEs と呼び，完全版 IFRS を full IFRS，中小企業を SME と称することとする[1]。さらに，国際会計基準の総称として IFRS を用いることとする。

Ⅱ IFRS for SMEs の策定経緯

1 プロジェクトの経緯

　IFRS for SMEs の策定経緯に関する詳しい資料の1つに，IASB が 2007 年 12 月に最終改訂を行い公表した「プロジェクトの全体概要」(Full Project Summary[2])の中の「プロジェクトの経緯」(Project History)がある。そこでは，IFRS for SMEs の策定経緯の詳細が述べられている。

　また，「IFRS for SMEs ファクト・シート」(IFRS for SMEs Fact Sheet：以下，ファクト・シートとする)においても，IFRS for SMEs の策定経緯が述べられている。このファクト・シートは，2009 年 7 月 9 日に行われた IFRS for SMEs 公表のプレスリリースの添付資料として公表されたものである[3]。

　この2つを中心に策定経緯をまとめると図表1-1のようになる。

図表1-1　プロジェクトの経緯

2003年7月	IASB は，IASC より IFRS for SMEs 策定に向けてのプロジェクトを引き継いだ。IASB における IFRS for SMEs 策定に向けての審議が，2003 年 7 月に始まった。
2004年6月	討議資料・中小企業の会計基準に関する予備的見解が公表された[*1]。
2004年9月	2004 年 9 月 24 日を締切日として，討議資料・中小企業の会計基準に関する予備的見解に対するコメントの受付が行われた。
2005年4月	認識と測定の簡素化，除外の可能性についてのスタッフアンケートが行われた[*2]。
2005年10月13日から14日	IASB における IFRS for SMEs 策定のための審議会（以下，IASB 審議会とする）において，認識と測定の簡素化，除外の可能性についての検討が行われた。
2003年7月から2007年2月	2003 年 7 月から公開草案が公表される 2007 年 2 月まで，IASB における審議が 31 回行われた。 計 7 回の基準諮問会議において，公開草案についての議論が行われた。 計 4 回の世界基準設定者会議において，公開草案についての議論が行われた。 作業部会は，問題点を協議し IASB に対し助言を与えるため，4 回の会議を開いた（2003 年 4 月 23 日，2005 年 6 月 29-30 日，2006 年 1 月 30-31 日に加え，後に 2008 年にも行われた）。

第 I 部　IFRS for SMEs の策定と内容

2006年6月	IASBに対し，IFRS for SMEs策定スタッフより公開草案が提示された。2006年6月から2007年2月まで，毎月IASBによる審議が行われた。
2006年8月	公開草案の起草案がIASBのウェブサイトに公表された。
2006年11月	改訂された公開草案の起草案がIASBのウェブサイトに公表された。
2007年2月15日	英語による公開草案が公表された[*3]。公開草案に対するコメントの締め切りを2007年10月1日までとした。
2007年4月	公開草案に対する「スタッフによる推奨（A Staff Overview）」がIASBのウェブサイトに公表された。 公開草案は，5カ国語に翻訳された（スペイン語2007年4月，フランス語2007年5月，ドイツ語2007年6月，ポーランド語2007年9月，ルーマニア語2007年9月）。
2007年6月	IASBのウェブサイトにおいて，英語・スペイン語・フランス語による公開草案のフィールドテストが行われた。 20カ国・116社のSMEが参加し，公開草案のフィールドテストが実施された。フィールドテストのコメントの締め切りは，2007年11月30日であった。
2007年11月30日	公開草案に対するコメントの締め切りを2007年10月1日としていたが，フィールドテスト実施会社からの期限延長の要請があり，またフィールドテストの結果をコメントレターに反映させるため，締め切りを11月30日に延長した。162通のコメントレターを受け取った。
2008年3月から2008年4月	IFRS for SMEsの策定スタッフが，コメントレターやフィールドテストにより明らかとなった主な問題点を，IASBに提示した。
2008年4月	作業部会は，公開草案の改訂について，包括的な提案を行った。
2008年5月から2009年4月	IASBは，13回の審議会において，公開草案の検討を行った。
2009年4月	IASBは，中小企業に対する国際会計基準の名称をIFRS for SMEsと決定した。
2009年6月	名称決定に際し，13名のボードメンバーが名称をIFRS for SMEsとすることに賛成し，1名が反対した。
2009年7月	IFRS for SMEsを公表した。

[*1]　IASB (2004b).
[*2]　IASB (2005a).
[*3]　IASB (2007f).
出所：IASB (2009d) およびIASB (2009e) における *Project History* より引用。形式は筆者変更。

「プロジェクトの全体概要」および「IFRS for SMEs ファクト・シート」における「プロジェクトの経緯」では，2003年からの変遷が簡略に述べられている。しかし，実際はさらに早く，1998年4月に研究プロジェクトが立ち上

げられ，2000年12月の国際会計基準委員会（IASC）理事会において，SMEの会計についての問題提起がなされた[4]。また，2002年，国際会計基準委員会財団（IASCF）の評議会において，SMEの会計に関する調査研究の取り組みを支援する旨の報告があり[5]，2003年4月にSMEの会計に関する助言委員会が編成され[6]，2003年7月にIASBにおける審議が始まることとなったのである。

2 IFRS for SMEs の名称の変遷

IFRS for SMEs は，各策定段階においてたびたび名称変更を行っている。名称決定の議論の過程において，さまざまな意見が出されている。

2007年11月における公開草案のコメントレターにおいて，適用対象企業を量的基準により決定するのではなく，公的説明責任の有無という質的基準により決定すべきであるとの意見が出されている。そこで，SmallやMediumといったような「小」と「中」の用語は，企業のサイズを連想させると指摘し，以下のような例をあげ，SMEではなく，より良い適用対象企業の名称を見つけるべきであるとしている[7]。

図表1-2　各策定段階における IFRS for SMEs の名称の変遷

各策定段階	名称（英文）	名称（日本語訳）
2004年6月 （討議資料）	Accounting Standards for Small and Medium-sized Entities	中小企業のための会計基準
2007年2月 （公開草案）	International Financial Reporting Standard for Small and Medium-sized Entities	中小企業のための国際財務報告基準
2008年5月	International Financial Reporting Standard for Private Entities	非公開企業のための国際財務報告基準
2009年1月	International Financial Reporting Standard for Non-publicly Accountable Entities	公的説明責任のない企業のための国際財務報告基準
2009年4月	International Financial Reporting Standard for Small and Medium-sized Entities	中小企業のための国際財務報告基準

出所：IASB（2009c）；河﨑（2009c），41頁および平賀（2009），51頁を参考に筆者作成。

- NPAE = non-publicly accountable entity（公的説明責任のない企業）
- NPIE = non-public-interest entity（非公開企業）

さらに，2009年1月におけるIASB審議会において，NPAEのIFRSにすることとした。

しかし，2009年3月のIASB審議会において，「Nonという言葉で始まる名称のイメージが悪い」，「名称が長く複雑で訳しにくい」などの理由により名称が変更されることとなった。最終的には，2009年4月でのIASB審議会において，名称をIFRS for SMEsに戻すことが決定された[8]。

Ⅲ　IFRS for SMEs の討議資料

2007年12月の「プロジェクトの全体概要」では，策定経緯だけでなく，このプロジェクトの目的，背景，内容が述べられている。本章のⅢ，Ⅳでは，この「プロジェクトの全体概要」に基づき，プロジェクトの一部を説明する。

1　討議資料の公表とコメント募集

2004年6月に，IASBは「討議資料・中小企業の会計基準に関する予備的見解（*Discussion Paper, Preliminary Views on Accounting Standard for Small and Medium-sized Entities*）」を公表した[9]。これは44頁に及ぶもので，質問事項，代替案，予備的見解が記されている。2004年9月24日を締切日としてコメントを募集し，121通のコメントレターを受け取った。

討議資料が提示した質問事項は，「IASBはSMEのための特別な財務報告基準を開発すべきか」，「IFRS for SMEsの目的は何か」，「IFRS for SMEsはどのような企業を対象とすることを意図されているか」，「IFRS for SMEsが企業の直面する特定の会計上の認識と測定の問題を扱っていない場合，その問題をどのように解決すべきか」等，計9項目である[10]。

2 討議資料へのコメントに対する IASB の対応[11]

　IASB では，2004 年第 4 四半期の会議において，2004 年 6 月の討議資料が提示した質問事項に対するコメントを考慮した上で，対応を検討している。

　2004 年 12 月の IASB 審議会で，プロジェクト促進へ向けて，いくつかの仮決定をした。それらの仮決定は 8 項目あり，そのうちの 4 項目は以下のとおりである。

① 討議資料に対する反応は，国際的に統一した SME 基準の需要があることをはっきりと示している。それゆえ，IASB はこのプロジェクトに力を注ぎ，次のステップとして IFRS for SMEs の公開草案を作成する。
② IFRS for SMEs は，財務情報非公開企業に対するものと限定する。
③ IFRS for SMEs のユーザーのニーズやコスト・ベネフィットを考慮し，認識と測定の簡素化を行っていく。
④ 原則的には full IFRS とのクロスレファレンスを認める。

　これにより，IFRS for SMEs は，認識や測定の簡素化の実現へと進むことになったのである。

3 認識と測定の簡素化，除外の可能性についてのスタッフアンケート[12]

　2005 年 4 月には，さらなる認識と測定の簡素化実現へ向けて，認識と測定の簡素化，除外の可能性についてのスタッフアンケートが行われた。このスタッフアンケートは，IASB のスタッフによって作成されたものであり，主に 2004 年 6 月の討議資料・予備的見解に対し回答を送ってきた回答者に対しアンケートを送付し，調査を行ったものである[13]。また，これ以外の回答者に対してはウェブサイトにて回答を募集した[14]。後に，基準諮問会議と作業部会は，2005 年 6 月にこのアンケート結果を踏まえ審議を行っている。

　このアンケートにおける認識と測定についての質問事項は，次のとおりである。

> **質問事項 1**
> - full IFRS の下で SME における認識と測定の簡素化の可能性がある領域は何か。
> - full IFRS の下での SME における認識または測定の問題とは何か。
> - full IFRS の下で SME における認識または測定の問題を生じさせる特定の取引について，なぜそれが問題か。またその問題はどのように解決されるのか。（質問事項 2　省略）

　IASB は，このスタッフアンケートにおいて 101 通の回答を受け取った。それらの回答については，基準諮問会議（2005 年 6 月），作業部会（2005 年 6 月），世界会計基準設定者会議（2005 年 9 月），円卓会議（2005 年 10 月）において議論がなされた。

4 認識と測定に関する公開円卓会議[15]

　公開円卓会議は，ロンドンで 2005 年 10 月 13 日から 14 日にかけて開催され，43 団体の代表が参加した。円卓会議の論点は，上記の質問事項 1 であった。

5 公開草案につながる審議[16]

(1) 作業部会の推奨

　作業部会は，2005 年 6 月 29 日から 30 日にかけて会議を行い，2005 年 8 月に包括的な報告書を IASB に提出した。

(2) 仮決定

　2004 年の第 4 四半期から 2005 年の会議において，IASB は 2004 年 6 月の討議資料の回答，認識と測定についてのスタッフアンケートの結果によって示された見解，円卓会議でのコメントと作業部会の推奨によって提示された問題を検討した。検討の結果，認識，測定，開示などの幅広い範囲につい

て，予備的な仮決定を行った。これは後のIFRS for SMEs の公開草案に反映されることとなる。

(3) 公開草案の予備的なスタッフ草案

スタッフは，仮決定に基づき，2006年1月のIASB審議会において，公開草案の予備的なスタッフ草案をIASBに提出した。

(4) 公開草案の起草案についての作業部会のコメント

作業部会は，公開草案の起草案の検討のために2006年1月後半に会議を行い，IASBに対する提案書の準備をした。

(5) 公開草案の起草案の公表

IASBは，2006年8月に，IASBの公的なウェブサイトに公開草案の起草案を公表した。これは，2006年8月までのIASBによる審議・決定を反映させたものである。その後，公開草案の起草案に対するIASBの審議は，2006年9月から2006年10月まで続いた。2006年10月の会議で，IASBは投票を行い，スタッフに対し，最終的な公開草案作成の許可を与えた。2006年11月，IASBは公的なウェブサイトに，改訂された公開草案の起草案を公表した。

(6) 公開草案に関するIASBの審議と決定

公開草案に関するIASBの審議は，2006年2月から2007年1月まで続いた。公開草案の起草案の検討案は，2006年5月からIASBの会合ごとに作成され，審議された。

IASBの決定の詳細な報告は，各委員会会議の直後，IASBでの更新情報により公表されている[17]。

第Ⅰ部　IFRS for SMEs の策定と内容

Ⅳ　IFRS for SMEs の公開草案[18]

　IFRS for SMEs の最終的な公開草案は，2007年2月15日に，IASB より公表された（コメントの提出期限は，2007年11月30日）。スペイン語，フランス語，ドイツ語，ポーランド語，ルーマニア語の翻訳が公表された。これは IASB が，初めて公開草案を英語以外の言語で発表したものである。

1　公開草案公表のプレスリリース（2007年2月15日）[19]

　プレスリリースにおいて，デイビッド・トゥウィディー氏（当時の IASB 議長）は，「IFRS for SMEs の公開草案を公表し，非上場の小企業に対し，IFRS を基礎とした自己完結のできる簡素化された財務報告基準を設定する。」と明確に述べている。「この基準は，SME に関連しない項目を除外し，認識と測定を簡素化することによって，full IFRS より約85％の分量を減らしたものであり，これにより投資家が国際的に中小企業の財政状態を比較する場合，有用で十分な情報を提供することになる。」としている。

　また「IFRS for SMEs も full IFRS も同じ概念フレームワークに基づいて作成されたものであるため，後に SME が上場した場合においても，支障なく full IFRS に移行できるものである。」としている。

2　公開草案の内容

(1) 独立した文書[20]

　IASB は，IFRS for SMEs を「50人ほどの従業員を雇用する典型的な SME を対象とした独立型文書（Stand-alone document）である」と規定している。50人ほどの従業員というコンセプトは，IFRS for SMEs の内容を決定する上での IASB における指標であった。しかし，定量化されたサイズにより IFRS for SMEs の適用対象企業を規定するということではない。

　公開草案において明確に独立型文書という言葉が使われているが，実際に

は full IFRS とのクロスレファレンスを認めており，公開草案の段階では完全に独立した文書であるとは言い難いものであった。

(2) IFRS for SMEs の対象となる企業[21]

IASB では，上場企業は小規模であっても IFRS for SMEs を使う資格はないとし，適用対象企業を，量的基準ではなく質的基準により規定している。

(3) 税法との互換性[22]

SME は投資や与信意思決定のためよりも納税のために財務諸表を作成している場合が多い。「IFRS for SMEs はこの SME の状況に適応しているのか」という問に対し，IASB は「課税所得を決定する場合，各国において策定された特定の基準に従うこと」と回答している。これは，あくまでも IFRS for SMEs に従って算出される利益または損失が，課税所得を計算する際の出発点として用いられるに過ぎないことを意味している。

(4) full IFRS の概念フレームワーク[23]

この公開草案の概念フレームワークは，「財務諸表の質的特性」において，基本的特性と副次的特性の区別・制約条件の識別がないなど，多少の違いはあるものの，full IFRS の概念フレームワーク[24]とほぼ同じである。

(5) full IFRS の修正[25]

IFRS for SMEs のユーザーのコスト・ベネフィットを考慮し，「除外項目」，「適用される単純なオプション」，「認識と測定の簡素化」，「開示の縮小」，「易しい英語で書き直すこと」の5つの検討課題について修正が行われている。

① 除外項目[26]

「ハイパーインフレーション下における財務報告」，「持分決済型株式報酬」，「生物資産（農産物）の公正価値モデル」，「採掘産業」，「中間財務報

告」,「ファイナンス・リースの貸手の会計処理」,「1株当たり当期純利益」「保険契約」については,SMEにとって関連性がないため除外項目とされている。

②適用される単純なオプション[27]

「投資不動産の原価・償却処理・減損モデル(公正価値モデルは,IAS 40参照)」,「有形固定資産・無形固定資産の原価・償却処理・減損モデル(再評価モデルは,IAS 16とIAS 38参照)」,「借入費用の費用モデル(資本化モデルは,IAS 23参照)」,「キャッシュ・フローの間接法(直接法は,IAS 7参照)」,「政府補助金による受取資産の公正価値モデル(IAS 20における選択肢のすべてを使うことができる)」において,単純な会計処理を選択することができるオプション項目が設けられている。

③認識と測定の簡素化項目[28]

「金融商品(金融資産の区分を4区分ではなく2区分とする)」,「のれんの減損(減損の兆候があった場合に適用する)」,「開発費(すべてを費用処理する)」,「関連・関係会社に対する投資(原価評価または損益計算書を通じての公正価値評価とする。持分法または比例連結は,IAS 28とIAS 31参照)」,「従業員給付・数理計算上の差異(IAS 19における即時認識や回廊アプローチによる遅延認識ではなく,原則アプローチ[直ちに費用処理する]を適用)」,「初度適用(IFRS 1に基づき,過年度の遡及適用を行う)」において,認識と測定の簡素化が行われている。

V IFRS for SMEs 公開草案のフィールドテスト

1 フィールドテストのプレスリリース(2007年6月18日)[29]

フィールドテストの開始についてデイビッド・トゥウィディー氏は,以下のようにコメントしている[30]。

「SME プロジェクトは，新興成長市場におけるより小規模な企業に対応する国際的な財務報告基準を求める声に応じることを目的としている。フィールドテストは，小規模な企業のための高水準な財務報告基準を開発することに役立てるものである。このフィールドテストにより公開草案を改善し，さらなる簡素化ができるよう望むものである。」

2 フィールドテストの内容[31]

スタッフは，以下の事項を明確にするため，フィールドテストを開始した。

① わかりやすさの評価（フィールドテスト実施会社が，わかりにくいと指摘した項目を確認する）

② 範囲の評価（フィールドテスト実施会社が遭遇した取引のうち，公開草案に記載されていない取引を確認し，フィールドテスト実施会社がその取引に対しどのような対処を行ったのかを調べる）

③ 負担の評価（フィールドテスト実施会社が，公開草案を適用することにより生じる負担を評価する）

④ 影響の評価（フィールドテスト実施会社が，公開草案を適用することにより生じる影響の程度を評価する）

スタッフは，このほかにも，「財務諸表利用者のニーズの評価」，「会計方針選択の評価」，「零細企業および発展途上国における問題の評価」，「適用指針の適切性の評価」を明らかにするとしている。

フィールドテスト実施会社は，会社に関する背景情報を提供するよう依頼されており，現行の会計基準により策定された最新の年次報告書の提出，さらに同じ会計年度における IFRS for SMEs 公開草案に従った財務諸表の作成が要請されている。

このフィールドテストのアンケート内容は，IASB のウェブサイトよりダウンロードできる[32]。これは，英語のほかにスペイン語とフランス語で公表されている。

VI IFRS for SMEs プロジェクトの目的と必要性についての検討

1 討議資料における目的と必要性

　討議資料において，IFRS for SMEs の目的は，「SME に適合した高品質で理解可能，かつ実行可能な会計基準を提供することである」としている。さらに，「SME の財務諸表利用者のニーズを満たすことに重点を置く」，「full IFRS と同じ概念フレームワークを基礎とする」，「IFRS for SMEs は，公的な説明責任を持つようになった SME や，full IFRS への移行を行おうとする SME が，full IFRS への移行を容易にできるようにするものである」としている[33]。

2 公開草案における目的と必要性

(1) スタッフによる推奨（2007年4月）[34]

　プロジェクトの全体概要とほぼ同様の内容が 2007 年 4 月のスタッフによる推奨においても記されている。プロジェクトの全体概要は 2007 年 12 月に出されたものであり，公開草案に対するフィールドテスト締め切り後のものであるが，スタッフによる推奨は 2007 年 4 月に出されたものであり，公開草案公表直後のものである。ここでは，公開草案公表における IFRS for SMEs の策定の目的および必要性が要約され記されている。

　スタッフによる推奨において，「IFRS for SMEs は，小規模の非上場企業に適用するよう，full IFRS を簡素化した自己完結的な会計基準である。SME に関連しない項目を除外し，認識と測定の基準を簡素化することによって，full IFRS の約 85％を削減したものである。」とし，「高品質で世界的に統一された財務報告基準は，財務情報の比較可能性を高める。そして，それが結果として投資家だけでなく企業自体の利益にもなる。また，国際的に統一された基準の存在により，一貫性を生じることとなり，この会計基準による財務諸表作成のための教育や研修を容易にすることとなる。」としている。

(2) プロジェクトの全体概要（2007年12月）[35]

　プロジェクトの全体概要において，IFRS for SMEs の策定の目的として以下の内容が明確に述べられている。

　「このプロジェクトの目的は，社会的な説明責任を持たない企業であり，かつ外部の財務諸表利用者に一般目的財務諸表を公表している企業が適用するIFRSを生み出すことである。ここでの外部の財務諸表利用者とは，例えば，金融機関，供給業者，格付け機関，顧客，所有者以外の株主などである。」

　さらにここでは，IASB がこのプロジェクトを行う理由が述べられている。これは，「IFRS for SMEs の必要性」ともとれる内容であり，現状の問題点を指摘している。IASB が指摘している現状の問題点は「full IFRS は公的な資本市場での投資家のニーズを満たすように作られているため，広範囲にわたる項目を含んでおり SME に適応していない」，「コスト・ベネフィットのバランスを考慮し SME の財務諸表利用者のニーズを満たす会計基準を策定する必要がある」，「グローバル化が進む中小企業経営において世界市場での財務諸表の比較可能性が必要である」である。

VII　IFRS for SMEs 策定にみる IASB の意向

　IFRS for SMEs の策定目的は，「グローバル化が進む中小企業経営においてSMEの財務諸表の全体的な信頼性や比較可能性を高めること」，「国内基準の維持に伴う相当のコストを削減すること」である。SME にとって，full IFRS を適用することは相当な負担である。そこでこの負担を減らし，適用を容易にするため，さまざまな措置がとられているのである。

　IFRS for SMEs は，full IFRS を簡素化・除外するという様式を採用し，full IFRS の約85％以上が削減され，SME の実務に対応するよう考慮されている。

　IFRS for SMEs が対象としている企業は，「社会的な説明責任を持たない企業であり，かつ外部の財務諸表利用者に一般目的財務諸表を公表する企業」

とし,量的基準ではなく質的基準により規定されている。しかし,実際には,IFRS for SMEs は 50 人ほどの従業員を雇用する典型的な SME を対象とした独立型文書であるとし,対象企業として従業員 50 人前後の企業を想定している。

公開草案のフィールドテストでは,明確に新興経済国と発展途上国の小規模の企業に重点を置くと述べられており,IFRS for SMEs が新興経済国と発展途上国における SME を主な対象として策定された基準であると考えられる。

さらに公開草案公表時において,IFRS for SMEs は full IFRS と同じ概念フレームワークに基づいて作成されたものであるため,後に SME が上場した場合に,支障なく full IFRS に移行できるものであるとしている。

2000 年 12 月ロンドンにて第 85 回 IASC 理事会が開かれ,翌年の新理事会(IASB)の検討事項の 1 つに「SME 向けの会計基準を策定すること」があげられている[36]。その 1 年後,2001 年に IASB は「高品質で理解可能,かつ強制力のある単一で一組の国際的な会計基準を開発すること」,「各国の国内会計基準と国際会計基準を高品質でコンバージェンスさせること」を定款事項としている[37]。そこで IASB には,この新定款事項に違反することがないよう,あくまでも full IFRS と IFRS for SMEs を単一で一組の会計基準として策定しようという強い意向があったと考えられる。

full IFRS と IFRS for SMEs の概念フレームワークを同一のものとして策定し,「IFRS for SMEs が full IFRS の要約版である[38]」とすることにより,両者を単一で一組の基準として成り立たせようとする意向が IASB にあったのではないだろうか。

さらに,「各国の国内会計基準と国際会計基準を高品質でコンバージェンスさせること」の実現へ向けて,新興経済国と発展途上国の SME に対し IFRS for SMEs を適用させ,国際会計基準の適用対象を広げるということが IASB の目的であったと考えられる。

この後,IASB は IFRS for SMEs を順調に各国に適用させるため,IFRS for

SMEs を実際に利用した世界各国の SME からコメントの受付を行い，SME の実務をさらによく考慮した基準への改訂を余儀なくされることとなる。

　我が国において，full IFRS のアドプションに向けた一連の動きがあり，2015 年または 2016 年からの上場企業の連結財務諸表に full IFRS を強制適用するかどうかについて，2012 年に決定することとしていた。ところが，アメリカがコンドースメントアプローチ（コンバージェンスとエンドースメントの両方の性質を兼ね備えたアプローチ）を主張し，事実上アドプションを行わない方針を打ち出し，これに応じるかのごとく我が国においてもアドプションが見送られることとなった。しかし，我が国において，full IFRS 導入への対応は重要課題である。そこで，IFRS for SMEs を通して IASB の真の意向を明らかにすることは，我が国の今後の対応の際の重要な指針となりうると考えている。

注

1) 主に IFRS for SMEs に関連する内容において，中小企業を SME と称している。
2) IASB（2009c）．
3) IASB（2009d）．
4) 河﨑（2009c），41 頁。
5) 小見山・石井（2009），41 頁。
6) 河﨑（2009c），41 頁。
7) IASB（2008a）．
8) IASB（2009b）．
9) IASB（2004b），pp.1-44.
10) IASB（2004b），pp.4-9.
11) IASB（2009c），*Board consideration of response to Discussion Paper.*
12) IASB（2009c），*Staff Questionnaire on Recognition and Measurement.*
13) IASB（2005a）．
14) IASB（2005a）．
15) IASB（2009c），*October 2005, Public roundtables on recognition and measurement.*
16) IASB（2009c），*Deliberations leading to the Exposure Draft.*
17) これらは，IASB のウェブサイトから自由にダウンロードでき，個々の会議概要は，IASB のウェブサイト・SME プロジェクトページ上でダウンロードできる。
18) IASB（2009c），*Background and Tentative Decisions to Date, February 2007 Exposure Draft.*
19) IASB（2007a）．
20) IASB（2007f），p.5.

21) IASB（2007b）．
22) IASB（2007b）．
23) IASB（2009c），*Based on concepts and principles in full IFRSs.*
24) ここでの full IFRS の概念フレームワークは，1989 年度概念フレームワーク（IFRS for SMEs の公開草案が公表された 2007 年当時のもの）をさす。
25) IASB（2009c），*Modifications of IFRSs.*
26) IASB（2009c），*Topics omitted.*
27) IASB（2009c），*Only the simpler option included.*
28) IASB（2009c），*Recognition and measurement simplifications.*
29) IASB（2007h）．
30) IASB（2007h）．
31) IASB（2007i）．
32) IASB（2007i）．
33) 小津（2009），68 頁。
34) IASB（2007b）．
35) IASB（2009c）．
36) IASC（2000）．
37) IASB（2001）．
38) 河﨑（2010），741 頁。

第2章

IFRS for SMEs の
クロスレファレンスにおける問題

I IFRS for SMEs におけるクロスレファレンス

　IFRS for SMEs は公開草案の段階では，full IFRS とのクロスレファレンス（我が国においては，相互参照と訳されている場合が多い。以下，クロスレファレンスとする[1]）が認められていたが，完成段階ではこれを削除し，IFRS for SMEs 内だけで，自己完結できる基準として公表されている。

　このような公開草案からの変化は，討議資料のコメントレターや，公開草案公表後のコメントレターおよびフィールドテスト等の結果を反映し，SME の負担を軽減すべく行われたものであると考えられる。

　そこで，本章において，IFRS for SMEs の特徴の 1 つであるクロスレファレンスが最終的に削除されるに至った経緯を明らかにする。さらに，各国の IFRS for SMEs の適用状況および適用可能性を述べ，特徴的な適用方法を提案しているフランスの「Demarigny 報告書」を取り上げる。このフランスの提案における問題点を指摘し，この問題点に関連した IASB の今後の課題を述べる。

II クロスレファレンス削除の経緯

　公開草案段階までは，IFRS for SMEs においてクロスレファレンスが記載されていた。このクロスレファレンスとは，SME に IFRS for SMEs 等，SME 向けの会計基準で解決しない取引事象が生じた場合，full IFRS 等，大企業向けの会計基準を参照して解決するというものである。これが，公開草案段階までは IFRS for SMEs の特徴的な点の 1 つであった。しかし，IFRS for SMEs 完成段階において削除されている。

　なぜ，このクロスレファレンスが削除されていったのであろうか。クロスレファレンスが削除されるに至った経緯を追い，その理由を明らかにする。

1 クロスレファレンスの審議過程とその結果

クロスレファレンスを行うべきかどうか，各策定段階において審議が行われている。

(1) 討議資料における審議とその後の仮決定

2004年6月に，IASBは討議資料を出している[2]。この討議資料では，計9点の論点について質問がなされており，ここでの論点4において，「IFRS for SMEs が企業の直面する特定の会計上の認識・測定の問題を扱っていない場合，どのように，企業は問題を解決しなければならないのか。」とクロスレファレンスを行うべきかどうかが問われている[3]。

さらに討議資料ではこのクロスレファレンスに関し，2つのアプローチを提案している。

- アプローチ①　IFRS for SMEs で記載されている項目は，IFRS for SMEs で解決し，記されていない項目は full IFRS で解決する。
- アプローチ②　full IFRS を，判断を行う際のガイダンスとして利用する（あくまでも IFRS for SMEs 内で解決する）。

アプローチ①は，アプローチ②よりも概念フレームワークからなる会計方針をよりフォローするものであると主張され，アプローチ②は，アプローチ①よりも SME の負担を軽減するものであると主張される。

この討議資料に対し121通のコメントレターが寄せられた[4]。コメンテーターの構成は，機関別では，会計基準設定機関・国家機関約52%，公認会計士協会約25%，監査法人約8%，大学・学会関係約5%，企業・銀行約1%，その他・不明約9%であり，国別では，イギリス19件，ドイツ11件，オーストラリア9件，ベルギー4件，ニュージーランド4件，スウェーデン3件，イタリア3件，南アフリカ3件（日本2件，以下省略）となっている。コメンテーターの割合は，ヨーロッパ・オセアニア・アメリカ等が全体の6割以上を占め，先進国の占める割合が，非常に高い。一方，南アフリカ・アジアにおける新興経済国・発展途上国と呼ばれる国々は，全体の約1割と非常に

少なく，先進国を中心にこのコメントレターが寄せられたことがわかる。コメントレターの分析を行ったところ，クロスレファレンスに同意しているのは73コメント，クロスレファレンスに反対しているのは26コメント，回答をしない，明言をしないのが21コメント，白紙回答が1コメントであることが明らかとなった。この時点ではクロスレファレンスを認めるコメントが多くみられる。

その後，この討議資料のコメントレターを踏まえる形で，IFRS for SMEs プロジェクト推進のための仮決定が行われ，公開草案が公表された。仮決定，公開草案ともに，クロスレファレンスを認める方針を打ち出した。

(2) 公開草案コメントレターにおける審議

IASBは，公開草案を「最小限の項目においてクロスレファレンスを行うStand-alone documentである」という微妙な英語の表現を用いて公表している。しかし実際はfull IFRS とのクロスレファレンスを行っており，独立した文書とはいえないものである。

IASBは，この公開草案に対しコメントレターを募集し，162通のコメントレターを受け取った[5]。

コメンテーターの構成は，機関別では，会計基準設定機関・国家機関約49％，公認会計士協会関係約18％，大学・学会関係約12％，監査法人約5％，その他・不明16％であり，国別では，イギリス18件，ドイツ15件，フランス8件，イタリア8件，南アフリカ6件，オーストラリア6件，アメリカ5件，カナダ4件，オーストリア4件（以下省略，ただし日本は1件）である。コメンテーターの割合は，ヨーロッパ・オセアニア・アメリカ等が全体の5割以上を占め，一方，南アフリカ・アジアにおける新興経済国・発展途上国と呼ばれる国々は，全体の2割弱となっている。ここでも，先進国を中心にコメントレターが寄せられている。

コメントレターの結果を分析したところ，クロスレファレンスについてコメンテーターの約45％は独立型の基準を要請し，すべてのクロスレファレン

スを削除するべきであるとの意見が多数であることが明らかとなった。これに対しコメンテーターの約24%はクロスレファレンスを続けることとし，賛成の意見を出してはいるが，賛成意見の大半はクロスレファレンス項目を最小限にすることを求めているものであった。反対派からは，最小限のクロスレファレンスを行っているのにもかかわらず独立型文書という表現はおかしい，IFRS for SMEs を適用するための教育を行う際に困難を伴う，クロスレファレンスを行うよりもしっかりとした SME の定義を行い，簡素化した基準を確立させることが重要との厳しい意見が多数寄せられていた。

(3) 公開草案フィールドテストにおける審議

公開草案に対するフィールドテストが，20カ国，116企業により行われた[6]。参加した国々は，アルゼンチン・イタリア・南アフリカ・オーストラリア・ケニア・韓国・バルバドス・マラウィ・タンザニア・デンマーク・マレーシア・チュニジア・フランス・オランダ・イギリス・ドイツ・ナイジェリア・米国・インド・ポーランドであり，フィールドテスト実施会社の約70%が50人以下のフルタイム従業員を雇用しており（うち10人以下のフルタイム従業員を雇用するフィールドテスト実施会社は，約35%），すべてのフィールドテスト実施会社のフルタイム従業員平均数，約56人であった。さらに，フィールドテスト実施会社の約60%が年間売上高約500万米ドル以下であり（うち年間売上高が100万米ドル以下のフィールドテスト実施会社が約35%），すべてのフィールドテスト実施会社の平均年間売上高は170万米ドルであった。

公開草案フィールドテストのプレスリリースにおいて，デイビッド・トゥウィディー氏は「フィールドテストは，新興経済国と発展途上国における小規模の会社・組織における潜在的な取引に重点を置いて，集中的に行う」としている[7]。討議資料・公開草案のコメントレターは，先進国中心にコメントが寄せられたが，この公開草案のフィールドテストは新興経済国・発展途上国を中心に行われ，IASB は新興経済国・発展途上国をも視野に入れた基準

策定を行おうとしていることがうかがえる。

フィールドテストの結果，クロスレファレンスについてフィールドテスト実施会社の約73％が，IFRS for SMEs 内で完結すべきであるとし，すべてのクロスレファレンスを削除する必要があるとしている。

(4) IFRS for SMEs 完成段階におけるクロスレファレンスの削除

IFRS for SMEs 完成段階では，公開草案におけるコメントレター，フィールドテストの結果を踏まえ審議が行われた結果，クロスレファレンスが削除された形で公表されている。

そもそも IFRS for SMEs 策定の前提として，SME が full IFRS を適用する際の負担を軽減し，SME が IFRS for SMEs を適用しやすくすることがあげられている。しかし IFRS for SMEs において，クロスレファレンスを認め，SME がクロスレファレンスを行うことを強いられるとなれば，いつまでもこの負担は軽減されない。つまりそもそもの策定の前提から外れているものである。よって，削除されたのは当然である。

なぜ最初からクロスレファレンスを削除した基準策定が行われなかったのか，疑問が生じるところである。

III 南アフリカ・イギリス・フランスの IFRS for SMEs への対応

次に，IFRS for SMEs の最初の適用国となった南アフリカ，同じ EU の国でありながら IFRS for SMEs の導入に対し，対照的な対応をとるイギリスとフランスを取り上げる。

1 南アフリカの対応

IFRS for SMEs を世界で初めて採用したのは南アフリカである。南アフリカは，IFRS for SMEs が完成するとすぐに，IFRS for SMEs をそのまま（修

正せずに）自国のSME向け会計基準として採用し，基準書として公表した[8]。結果，南アフリカは世界最初のIFRS for SMEs採用国となったのである。

full IFRSの強制適用を強いられ，苦しんでいた南アフリカのSMEにとって，IFRS for SMEsはすんなりと受け入れられたようである。

IFRS for SMEs策定目的の3つのうち，「国内ベースの基準の維持に伴う相当のコストを削減すること」という目的が重視され，現在，新興経済国・発展途上国を中心に適用が公表されている。

2 EUの対応

EUは，2009年11月，IFRS for SMEsをEUに導入すべきかどうかを検討している。欧州財務報告アドバイザリーグループ（EFRAG）は，EU会計指令との互換性や，EU各国の利益に反しないかを検討し，互換性がないと判断している[9]。ここでの互換性とはcompatibility（共存性）であり，IFRS for SMEsの会計処理がEU会計指令の下で認められないことを意味している[10]。

さらに，2009年11月，アンケート調査を実施し，2010年3月を期限としたコメント受付を行った[11]。

ドイツ・フランス・イタリア・オーストリア・ベルギー・スロバキアでは，コメンテーターの過半数がIFRS for SMEsの導入に反対した。反対の理由として，「IFRS for SMEsはSMEにとってあまりにも複雑すぎる」，「国内でのみ活動する企業にはベネフィットがない」があげられている[12]。

このように，EUでは反対の意見が多くみられる。そこで次にIFRS for SMEsの導入に対して積極的な姿勢をみせているイギリスと消極的な態度をとるフランスとの2カ国を取り上げる。

(1) イギリス

EUの中でも，イギリスはIFRS for SMEs適用に対し柔軟な姿勢をとって

いる。2009年8月にイギリスは非上場企業の一部に対しIFRS for SMEsを適用する提案書を提出した[13]。これは，公的説明責任を負わない中規模程度の企業に対し，FRSMEと呼ばれるIFRS for SMEsを基礎とし，会社法の会計規定や税務等の調整が図られた新たな会計基準を適用させようとする提案である[14]。

さらに新たな基準が考えられ，2012年1月30日に3つの独立した草案FRS100，草案FRS101，草案FRS102が公表された[15]。草案FRS102は，IFRS for SMEsを基本とし，IFRS for SMEsにない会計基準を追加，調整，変更等を行い，策定されたものである[16]。イギリスでは，草案FRS102を適用する形でIFRS for SMEsを導入しようとしている。

(2) フランス

フランスでは，NYSE Euronextが運営する3つの市場があり，規制市場であるEuronext Paris，非規制市場であるAlternextとMarche Libreがある。

フランスの会計基準庁は，基本的にIFRS for SMEsの導入に反対の意見を表明している[17]。反対の理由として，SMEにとって，IFRS for SMEsは複雑であり，負担が増えることをあげている。さらにその負担に見合うだけのベネフィットがないことを主張している[18]。

しかし，2010年3月に出されたフランス経済産業雇用省における「Demarigny報告書」の中で，IFRS for SMEsの適用対象となるSMEを

図表2-1　フランスの会計基準・開示制度

規制の有無	規制市場	非規制市場	非規制市場
市場名	Euronext Paris	Alternext	Marche Libre
連結財務諸表	EU版IFRS	EU版IFRS or 99-02	EU版IFRS or 99-02
個別財務諸表	PCG	PCG	PCG

PCG：Plan Comptable General（フランス個別会計基準）
99-02：フランス会計規制委員会規則第99-02号（フランス連結会計基準）
出所：有限責任監査法人トーマツ（2011），50-63頁より引用，形式は筆者作成。

SMILEsとし，SMILEsを「時価総額1億€以下の企業」とすべきであると提案している[19]。もしSMILEsを「時価総額1億€以下の企業」とした場合，Euronext Parisの上場企業の58%がこれに該当することになる[20]。つまり，「Demarigny報告書」において，フランスの規制市場に上場しているSMEにIFRS for SMEsを適用させることが可能であることを示唆していると考えられる。

フランスでは，Euronext Paris上場企業の連結財務諸表にfull IFRSを適用しているが，full IFRSの適用は中小上場企業にとっては相当な負担であり，また適正に守ることができなかった場合の罰則も厳しい[21]。そこで，中小上場企業に対しIFRS for SMEsの適用を検討していたのである。

もし，この報告書の提案が通っていれば，Euronext Paris上場SMEに対し，full IFRS以外のIFRS for SMEsが適用されることなり[22]，IASBのみならずEUの重大な問題となったと予想され，IASBにとってこのフランスの提案は，意図せざるものであったと考えられる。

ところが2011年に，上場企業のSMEに対し新たな会計基準を策定する動きがあり，「Demarigny報告書」の案（上場しているSMEにIFRS for SMEsを適用させる）は却下されている[23]。

IV クロスレファレンスにみるIASBの意向

本章では，IASBが公開草案時においてクロスレファレンスを記載していたが，大変厳しい反対意見が多数出されたため，クロスレファレンスを削除せざるを得なくなっていく経緯を追った。そこでは，クロスレファレンスを行う基準としてIFRS for SMEsを策定しようというIASBの強い意向がみられるものであった。

IFRS for SMEsは，しっかりとしたデュープロセスを踏まえながら，IASBの意向を反映し策定されたものである。各策定段階におけるIFRS for SMEs

第Ⅰ部　IFRS for SMEs の策定と内容

の変更点やIASBの意見表明の内容を追跡すれば，将来的な full IFRS への移行を最終目標とし，新興経済国・発展途上国はもちろんのこと，先進国の中規模企業への適用を視野に入れた基準設定を行おうとしている IASB の戦略的意向をみることができる。クロスレファレンスにおいても，SME がクロスレファレンスを行えば，将来的に上場した場合スムーズに full IFRS に移行することを IASB が想定していたことがうかがえる。

しかし，IASB がクロスレファレンスにこだわった理由は，それだけであろうか。

さらに重要な理由として，IFRS for SMEs と full IFRS が単一で一組の基準でなければならないということが考えられる。もし，IFRS for SMEs が独立した別個の基準となれば，IASB の定款事項である「高品質で，理解可能，かつ強制力のある単一で一組の国際的な会計基準を開発すること」とつじつまが合わず，IASB 自体が自己矛盾を生じることとなる。そこで，「最小限のクロスレファレンスを行う stand-alone document」という微妙な英語表現を用いてまでもクロスレファレンスを行う基準として IFRS for SMEs を策定し，あくまでも full IFRS と IFRS for SMEs を単一で一組の会計基準として策定しようという IASB の意向があったのではないかと考えられる。

矛盾を生じさせないため，IASB は，定款事項を修正するべきか，それとも full IFRS と IFRS for SMEs を単一で一組の会計基準にするべきかという疑問が生じるところである。

full IFRS と IFRS for SMEs の概念フレームワークはほぼ同じであるが，これは，IFRS for SMEs が full IFRS の要約版であることを意味しており[24]，この点において，IFRS for SMEs は単一で一組の国際的な会計基準を開発するという定款に違反していない。概念フレームワークは国際会計基準そのものではないが，国際会計基準に規定がない場合，一定の役割を果たすことが規定されており，実質的には国際会計基準の一部として機能し，重要な役割を担っている[25]。実質的に重要な役割を担っている概念フレームワークを同一のものとし，認識・測定原則を簡素化・除外するという方法により策定が始

よった以上，定款の修正という措置をとるよりも，両者が単一で一組の基準となるようIFRS for SMEsを体系立てていく方法をとる方が, IFRS for SMEsを策定するコストや時間の面からみても，妥当であると考える。

　フランスがIFRS for SMEsをSMILEsに対し適用させるという案を提案していた。この案がフランスの非規制市場AlternextやMarche Libre上場SMEにIFRS for SMEsを適用させるというのであれば，フランスのIASBに対する歩み寄りともとれるが，これは規制市場Euronext Paris上場SMEの58％に適用させる可能性があるという案である。もしこの案が認められていれば，Euronext Paris上場企業がfull IFRSよりも負担の少ないIFRS for SMEsを積極的に使うようになることは十分予想される。この場合，IASBのみならずEU自体にも深刻な問題となると考えられ，混乱を生じさせる可能性があったと考えられる。

　IASBはfull IFRSを世界に浸透させるため，さまざまな戦略をとっている。この戦略の1つがIFRS for SMEsであると考えられる。

　しかし今回のクロスレファレンスのように戦略的意向が否定され，IASBが意図せざる方向へIFRS for SMEsが向かった場合において，自己矛盾を生じさせることなく，このIFRS for SMEsを世界各国に適用させることがIASBの重要課題である。

注

1) クロスレファレンスとは，SMEにIFRS for SMEs等，SME向けの会計基準で解決しない取引事象が生じた場合，full IFRS等，大企業向けの会計基準を参照して解決するというものである。
2) IASB（2004b）．
3) IASB（2004b），pp.26-29.
4) IASB（2004a）．
5) IASB（2007d）．
6) IASB（2007j）．
7) IASB（2007h）．
8) Mackenzie, et al.（2010）, Foreword, p.8. 河﨑監訳（2011），まえがき，2頁．
9) EFRAG（2010）, Advice on compatibility of the IFRS for SMEs and the EU Accounting Directives; 河﨑（2010），743頁．

10) 国際会計研究学会（2011），136頁。
11) EU（2010），p.3.
12) EU（2010），p.7.
13) ASB（2009），pp.6-7; 河﨑（2011c），139頁。
14) 国際会計研究学会（2011），145頁。
15) 沖野（2012），76-77頁；ICAEW（2012）.
16) 沖野（2012），76-77頁；ICAEW（2012）.
17) EC（2010b），p.5.
18) EC（2010b），p.6.
19) Ministère de l'économie, de l'industrie et de l'emploi, France（2010），p.19；国際会計研究学会（2011），156頁。
20) Ministère de l'économie, de l'industrie et de l'emploi, France（2010），p.21. ここでは，Euronext Paris のほかにも EU 各国の市場を取り上げ，それぞれの市場において上場している企業総数のうち，SMILEs が占める割合をグラフにて示している。国際会計研究学会（2011），157頁。
21) 国際会計研究学会（2011），156頁。
22) 国際会計研究学会（2011），157頁。
23) ANC（2011）.
24) 河﨑（2010），741頁。
25) 山田（2012），513頁。

第3章

IFRS for SMEs の
クロスレファレンスに関する
コメントレター分析

I IFRS for SMEs におけるクロスレファレンスの削除

　現在，IFRS for SMEs の適用を公表している国は，新興経済国・発展途上国が中心であり，先進国で適用を公表している国はほとんどみられない[1]。また，適用（適用予定）を公表している国々が実際に適正に IFRS for SMEs を適用しているかは疑問である。例えば，IFRS for SMEs の適用を公表しているペルーにおいて，実際に IFRS for SMEs を適用している SME はほとんどないという現状が指摘されている[2]。

　IFRS for SMEs は，「認識・測定の簡素化・除外」，「full IFRS からの分量の削減」，「full IFRS とほぼ同じ概念フレームワーク[3]」などの特徴を有している[4]。さらに，公開草案公表段階まではクロスレファレンスという処理が認められていたが，完成段階ではこの処理が削除されている。これは，IFRS for SMEs の各策定段階におけるコメントレター募集の結果，反対意見が多数出されたためである。クロスレファレンスが審議されていた当時，IFRS for SMEs 適用の意向がある国（主に発展途上国）が，クロスレファレンスに対してどのような見解を示していたのか疑問が生じるところである。

　そこで，本章では，クロスレファレンスにおけるコメントレター分析を行い，IFRS for SMEs 適用国と非適用国とのクロスレファレンスに関する回答結果において，両者の間に差異があるかどうかを検討する。その上で，先行研究結果との比較を行い，IASB がどのような意向で IFRS for SMEs を策定したのかを明らかにする。

II 先行研究

　IFRS for SMEs に対するコメントレターを分析した先行研究に，平賀氏の調査がある[5]。平賀氏は，発展途上国のコメントレターを中心に，IFRS for

第3章 ■ IFRS for SMEs のクロスレファレンスに関するコメントレター分析

SMEs における公正価値測定に関する質問のコメントの調査を行っている。

平賀氏は，対象とした発展途上国の4割強しか回答がなされていない（最も多くコメントが集まったセクション11の回答割合）ことに関しては，「対象とした発展途上国の過半数以上がこの公開草案に対し異議がないことを意味している」とし，発展途上国のコメントレターの6割が公正価値測定に対し異議を唱えていることに関しては，発展途上国において，公正価値測定による問題が多いことを示唆し，専門知識の不足などの問題点を指摘している。さらに「IASB が，公正価値測定の問題に対する議論を避け，基準の簡素化という枠組みの中で議論しようとしている」とし，公正価値測定の問題に対する IASB の慎重な態度を浮き彫りにしている。

コメントレター分析の結果からコメンテーターの真の意向およびコメンテーターの回答の傾向を明らかにする際，主観的な判断に頼らざるを得ない。それがコメントレター分析の限界であると考える。そこで，本章においては，IASB のコメントレター調査結果について，2群の母比率の差の検定およびカイ二乗検定を行うことにより，統計的な結果を導き出すことを試みるものである。

III コメントレター分析

1 調査対象

本稿においては，2種類の IASB におけるアンケート調査結果を利用する。利用するアンケート調査は以下である。IASB は 2004 年 6 月に討議資料を出しているが[6]，この段階でクロスレファレンスに関してコメントを募集している[7]。この討議資料におけるアンケート調査に対し121通のコメントレターが寄せられている[8]。

さらに公開草案に関してコメントレターを募集し，ここでもクロスレファレンスに対する質問を行い，162通のコメントレターを受け取っている[9]。

37

2 コメントレターの例

次にコメントレターを和訳し，集計するという方法をとった。そこで集計にあたり，「クロスレファレンスに賛成」，「クロスレファレンスに反対」，「どちらともいえない」の判断については，筆者の主観的な判断であることをおそれつつ，慎重にかつ個別的に判断した。以下において，「クロスレファレンスに賛成」，「クロスレファレンスに反対」，「どちらともいえない」と判断したコメントレターの例を示す。

① 「クロスレファレンスに賛成」意見の例
- 討議資料 CL30　Raad voor de Jaarverslaggeving（Council for Annual Reporting）（Netherlands）
「full IFRS への参照が要請されているもしくは必要である場合，賛成します。」

② 「クロスレファレンスに反対」意見の例
- 討議資料 CL4　Chartered Institute of Public Finance and Accountancy（UK）
「IFRS for SMEs が，企業の直面する特定の会計上の認識または測定の問題を扱っていない場合，その問題を解決するために full IFRS を参照することに賛成しません。」

③ 「どちらともいえない」意見の例
- 討議資料 CL67　London Society of Chartered Accountants（LSCA）（UK）
「私たちは，この問いに対し参照する "look to" という意味がはっきりわからないため，答えることが難しいと考えています。」

3 IASBのアンケート結果における2群の母比率の差の検定による検証

IFRS for SMEs 適用国と非適用国とのクロスレファレンスに関する回答結果に差異があるかどうかを検討する。そこで，コメントレターを集計し，次のような2群の母比率の差による検定を行う。検定を行うにあたり，IFRS for SMEs 適用国におけるクロスレファレンス賛成意見の比率，IFRS for SMEs

第 3 章 ■ IFRS for SMEs のクロスレファレンスに関するコメントレター分析

非適用国におけるクロスレファレンス賛成意見の比率を算出した。クロスレファレンスに対する賛否，IFRS for SMEs 適用国・非適用国をまとめたものが図表 3-1 および図表 3-2 である[10]。

図表 3-1　討議資料コメントレターにおける
　　　　　クロスレファレンスの賛否と IFRS for SMEs の適用状況

（〇…クロスレファレンスに賛成，×…クロスレファレンスに反対，△…どちらともいえない）
（〇…IFRS for SMEs 適用国，×…IFRS for SMEs 非適用国）

コメンテーター番号	クロスレファレンスに対する賛否	IFRS for SMEs 適用国であるかどうか	コメンテーター番号	クロスレファレンスに対する賛否	IFRS for SMEs 適用国であるかどうか	コメンテーター番号	クロスレファレンスに対する賛否	IFRS for SMEs 適用国であるかどうか	コメンテーター番号	クロスレファレンスに対する賛否	IFRS for SMEs 適用国であるかどうか	コメンテーター番号	クロスレファレンスに対する賛否	IFRS for SMEs 適用国であるかどうか
CL1	〇	×	CL26	〇	×	CL51	〇	×	CL76	〇	×	CL101	〇	×
CL2	〇	〇	CL27	〇	×	CL52	〇	×	CL77	〇	×	CL102	〇	×
CL3	〇	×	CL28	〇	×	CL53	×	×	CL78	×	×	CL103	×	×
CL4	×	×	CL29	×	×	CL54	〇	×	CL79	△	×	CL104	〇	×
CL5	〇	×	CL30	〇	×	CL55	×	×	CL80	△	×	CL105	〇	×
CL6	×	×	CL31	×	×	CL56	△	×	CL81	×	×	CL106	△	×
CL7	△	×	CL32	〇	×	CL57	〇	×	CL82	△	×	CL107	〇	×
CL8	〇	×	CL33	〇	×	CL58	〇	×	CL83	×	×	CL108	〇	×
CL9	△	×	CL34	△	×	CL59	△	×	CL84	〇	×	CL109	〇	×
CL10	△	×	CL35	〇	×	CL60	△	×	CL85	×	×	CL110	〇	×
CL11	〇	×	CL36	〇	×	CL61	×	×	CL86	〇	×	CL111	△	×
CL12	〇	×	CL37	×	×	CL62	〇	×	CL87	〇	×	CL112	△	×
CL13	〇	〇	CL38	〇	×	CL63	×	×	CL88	〇	×	CL113	〇	×
CL14	〇	×	CL39	〇	〇	CL64	△	×	CL89	×	×	CL114	〇	×
CL15	△	×	CL40	〇	×	CL65	〇	×	CL90	×	×	CL115	×	×
CL16	×	×	CL41	〇	×	CL66	〇	×	CL91	〇	×	CL116	〇	×
CL17	△	×	CL42	×	×	CL67	△	×	CL92	〇	×	CL117	〇	×
CL18	〇	×	CL43	〇	×	CL68	×	×	CL93	〇	×	CL118	×	×
CL19	〇	×	CL44	〇	×	CL69	×	×	CL94	〇	〇	CL119	〇	×
CL20	△	×	CL45	〇	×	CL70	〇	〇	CL95	〇	×	CL120	△	×
CL21	〇	×	CL46	×	×	CL71	〇	×	CL96	〇	×	CL121	△	×
CL22	〇	×	CL47	〇	×	CL72	〇	×	CL97	〇	×			
CL23	△	×	CL48	〇	×	CL73	×	×	CL98	〇	×			
CL24	〇	×	CL49	△	×	CL74	〇	×	CL99	×	×			
CL25	〇	×	CL50	〇	×	CL75	〇	×	CL100	〇	×			

出所：IASB（2004a）をもとに筆者作成。

39

**図表 3-2　公開草案コメントレターにおける
クロスレファレンスの賛否と IFRS for SMEs の適用状況**

（○…クロスレファレンスに賛成，×…クロスレファレンスに反対，△…どちらともいえない）
（○…IFRS for SMEs 適用国，×…IFRS for SMEs 非適用国）

コメンテーター番号	クロスレファレンスに対する賛否	IFRS for SMEs 適用国であるかどうか	コメンテーター番号	クロスレファレンスに対する賛否	IFRS for SMEs 適用国であるかどうか	コメンテーター番号	クロスレファレンスに対する賛否	IFRS for SMEs 適用国であるかどうか	コメンテーター番号	クロスレファレンスに対する賛否	IFRS for SMEs 適用国であるかどうか	コメンテーター番号	クロスレファレンスに対する賛否	IFRS for SMEs 適用国であるかどうか
CL1	△	×	CL34	×	×	CL67	×	×	CL100	×	×	CL133	×	×
CL2	△	×	CL35	○	×	CL68	○	×	CL101	×	×	CL134	×	×
CL3	×	×	CL36	△	×	CL69	×	×	CL102	○	×	CL135	×	×
CL4	△	×	CL37	△	×	CL70	○	×	CL103	△	×	CL136	○	×
CL5	△	×	CL38	△	×	CL71	×	×	CL104	×	×	CL137	×	×
CL6	△	×	CL39	△	×	CL72	×	×	CL105	×	×	CL138	×	×
CL7	△	×	CL40	×	×	CL73	×	×	CL106	×	×	CL139	○	×
CL8	△	×	CL41	×	×	CL74	×	×	CL107	×	×	CL140	×	×
CL9	△	×	CL42	×	×	CL75	×	×	CL108	×	×	CL141	×	×
CL10	△	×	CL43	×	×	CL76	×	×	CL109	○	○	CL142	×	×
CL11	△	×	CL44	×	×	CL77	×	×	CL110	×	×	CL143	×	×
CL12	△	×	CL45	×	×	CL78	×	×	CL111	×	×	CL144	×	×
CL13	×	×	CL46	×	×	CL79	×	×	CL112	×	×	CL145	×	×
CL14	○	○	CL47	×	×	CL80	×	×	CL113	×	×	CL146	×	×
CL15	△	×	CL48	○	○	CL81	×	×	CL114	×	×	CL147	×	×
CL16	×	×	CL49	×	×	CL82	×	×	CL115	×	×	CL148	×	×
CL17	△	×	CL50	×	×	CL83	×	×	CL116	×	×	CL149	×	×
CL18	△	×	CL51	×	×	CL84	×	×	CL117	×	×	CL150	×	×
CL19	△	×	CL52	×	×	CL85	×	×	CL118	×	×	CL151	×	×
CL20	○	×	CL53	×	×	CL86	×	×	CL119	△	×	CL152	△	×
CL21	×	×	CL54	○	×	CL87	△	×	CL120	×	×	CL153	×	×
CL22	○	×	CL55	×	×	CL88	×	×	CL121	×	×	CL154	○	×
CL23	×	×	CL56	×	×	CL89	×	×	CL122	×	×	CL155	△	×
CL24	○	×	CL57	△	×	CL90	×	×	CL123	△	×	CL156	×	×
CL25	○	×	CL58	×	×	CL91	×	×	CL124	×	×	CL157	○	×
CL26	×	○	CL59	×	×	CL92	×	×	CL125	×	×	CL158	×	×
CL27	○	×	CL60	△	×	CL93	×	×	CL126	○	×	CL159	△	×
CL28	×	×	CL61	△	×	CL94	○	×	CL127	×	×	CL160	×	×
CL29	○	×	CL62	×	×	CL95	×	×	CL128	×	×	CL161	×	×
CL30	○	×	CL63	×	×	CL96	×	×	CL129	×	×	CL162	×	×
CL31	○	×	CL64	×	×	CL97	×	×	CL130	△	×			
CL32	△	×	CL65	○	×	CL98	△	×	CL131	×	×			
CL33	△	×	CL66	×	×	CL99	×	×	CL132	○	×			

出所：IASB（2007d）をもとに筆者作成。

第3章 ■ IFRS for SMEs のクロスレファレンスに関するコメントレター分析

図表 3-3　IFRS for SMEs 適用国・非適用国における賛成意見・反対意見の集計

	IFRS for SMEs 適用国	IFRS for SMEs 非適用国	合計数（比率）
クロスレファレンス賛成意見数（比率）	18 (78%)	93 (36%)	111 (39%)
どちらともいえない意見数（比率）	2 (9%)	74 (28%)	76 (27%)
クロスレファレンス反対意見数（比率）	3 (13%)	93 (36%)	96 (34%)
合計数（比率）	23 (100%)	260 (100%)	283 (100%)

　図表 3-1 および図表 3-2 より，IFRS for SMEs 適用国のうちクロスレファレンスに賛成している比率は 78％（=18/23），IFRS for SMEs 非適用国のうちクロスレファレンスに賛成している比率は 36％（=93/260），計 39％（=111/283）であることが明らかとなった。

4 仮説

　上述の集計をもとに，A 群を IFRS for SMEs 適用国のうちクロスレファレンスに賛成している比率 78％（=18/23），B 群を IFRS for SMEs 非適用国のうちクロスレファレンスに賛成している比率 36％（=93/260）とし，以下のような仮説を立てる。

- 帰無仮説 H_0：2 群（A 群・B 群）の母比率に差はない。
- 対立仮説 H_1：2 群（A 群・B 群）の母比率に差はある。

　そこで，A 群・B 群の 2 群の母比率の差の検定を行い，仮説の検定を行う。

5 検定結果

　A 群の標本サイズを 23，賛成数を 18，B 群の標本サイズを 260，賛成数を 93 とした。

　$\hat{p}_1 = 0.783$, $\hat{p}_2 = 0.358$, $\hat{p}_1 - \hat{p}_2 = 0.425$, $p_0 = 0.392$ とし，検定を行った結果，検定統計量（Z）= 4.000567，そして，有意確率（P）= 0.000158 を

得た。Z > 1.96（有意水準5％），さらに，Z > 2.58（有意水準1％）であるので，帰無仮説を棄却する。よって，2群の母比率には差があるといえる。2群の母比率に差があることから，A群（IFRS for SMEs適用国のうちクロスレファレンスに賛成している比率）とB群（IFRS for SMEs非適用国のうちクロスレファレンスに賛成している比率）において差があり，IFRS for SMEs適用国がIFRS for SMEs非適用国に比べ，クロスレファレンスに賛成する傾向が強いことが明らかとなった。

6 IASBのアンケート結果におけるカイ二乗検定による検証

次に，属性Aには，IFRS for SMEs適用国か非適用国の2種類をとり，属性Bには，クロスレファレンスに関して賛成意見数，どちらともいえない意見数そして反対意見数の3種類をとり，属性Aと属性Bが互いに独立であるかどうかを検証する。そこで，図表3-3の集計表をもとに，カイ二乗検定による検証を行う。まず，以下の仮説をたてる。

- 帰無仮説 H_0：属性A（IFRS for SMEs適用国・IFRS for SMEs非適用国）と，属性B（クロスレファレンス賛成意見数・クロスレファレンスどちらともいえない意見数・クロスレファレンス反対意見数）は独立である。
- 対立仮説 H_1：属性A（IFRS for SMEs適用国・IFRS for SMEs非適用国）と，属性B（クロスレファレンス賛成意見数・クロスレファレンスどちらともいえない意見数・クロスレファレンス反対意見数）は独立ではない。

IFRS for SMEs適用国におけるクロスレファレンス賛否意見数，IFRS for SMEs非適用国におけるクロスレファレンス賛否意見数をもとに全体数（283）に対する合計数の割合を算出し，かつRule of Five[11]に従い，カテゴリーを統合すると，図表3-4になる。

第 3 章 ■ IFRS for SMEs のクロスレファレンスに関するコメントレター分析

図表 3-4　現実値（コメントレター集計における実際の値）

	IFRS for SMEs 適用国	IFRS for SMEs 非適用国	合　計	全体数（283）に対する合計数の割合
クロスレファレンス賛成意見数	18	93	111	0.392
クロスレファレンスどちらともいえない・反対意見数	5	167	172	0.608
合　計	23	260	283	1

図表 3-5　理論値（合計数に全体数（283）に対する合計数の割合を乗じた理論的な値）

	IFRS for SMEs 適用国	IFRS for SMEs 非適用国	合計
クロスレファレンス賛成意見数	9.02（23 × 0.392）	101.92（260 × 0.392）	111
クロスレファレンスどちらともいえない・反対意見数	13.98（23 × 0.608）	158.08（260 × 0.608）	172
合　計	23	260	283

さらに，図表 3-4 の現実値（全体数（283）に対する合計数の割合）をもとに理論値（合計数に全体数（283）に対する合計数の割合を乗じた理論的な値）を求めると，図表 3-5 になる。

直感的にも現実値と理論値の割合には明らかな差異があることが予想できるが，理論値と現実値の乖離度合いを調べるため，カイ二乗検定値 x^2 を計算して，独立性検定を行う。

$$x^2 = \frac{(18-9.02)^2}{9.02} + \frac{(93-101.92)^2}{101.92} + \frac{(5-13.98)^2}{13.98} + \frac{(167-158.08)^2}{158.08}$$
$$= 15.992$$

よって自由度1のカイ二乗検定において，有意水準1％で棄却できる。

かくして，属性A（IFRS for SMEs 適用国・IFRS for SMEs 非適用国）と，属性B（クロスレファレンス賛成意見数・クロスレファレンスどちらともいえない意見数・クロスレファレンス反対意見数）は独立であるという帰無仮説は棄却できる。つまり，属性A（IFRS for SMEs 適用国・IFRS for SMEs 非適用国）と，属性B（クロスレファレンス賛成意見数・クロスレファレンスどちらともいえない意見数・クロスレファレンス反対意見数）はお互いに何らかの影響を与え合っているということが明らかとなった。

IV 分析結果にみる IASB の意向

2群の母比率の差の検定により，IFRS for SMEs 適用国（主に新興経済国・発展途上国）のうちクロスレファレンスに賛成している比率と IFRS for SMEs 非適用国（主に先進国）のうちクロスレファレンスに賛成している比率との間には差があることが明らかとなった。さらにカイ二乗検定の結果より，属性A（IFRS for SMEs 適用国・IFRS for SMEs 非適用国）と属性B（クロスレファレンス賛成意見数・クロスレファレンスどちらともいえない意見数・クロスレファレンス反対意見数）は，独立であるという帰無仮説は棄却された。ここからも属性Aが属性Bに影響を与え，IFRS for SMEs 適用を公表している国においてクロスレファレンスを受け入れる傾向があると考えられる。

さて，回答状況を再度振り返ろう。今回の2種類のコメントレターを回答者の国別に集計すると，新興経済国・発展途上国からの回答割合が低く，先進国における回答割合が高い。具体的なコメントレターの内容を検討すると，南アフリカにおいては「全面的に賛成する」という表現がみられ，コロンビア，モザンビーク，マレーシア等においても「賛成」とだけ回答するケースがみられた。

IFRS for SMEs は，各策定段階におけるコメントレターの結果を反映し策

定されたものである。クロスレファレンスは，主に先進国から厳しい反対意見が多数寄せられたために，最終的には削除されている。

今回の検討結果から，発展途上国にとって，クロスレファレンスがIFRS for SMEs導入の障壁とはなっていないことが明らかになったといえよう。これは発展途上国が「自国のSMEにおいてクロスレファレンスが必要となる会計取引事象が生じる可能性は非常に少ない。」と判断し，賛成しているのではないかと考えられる。

IFRS for SMEsは，会計処理の簡素化ではなく除外により分量を減らしている傾向があるといわれている[12]。さらにIASBは，極力公正価値測定を維持しようとする傾向があり[13]，IFRS for SMEsにおいて，全面的に公正価値測定が簡素化されたわけではない。

公正価値測定が維持される理由として，full IFRSとIFRS for SMEsが異なる会計処理を行うことを極力避け，両者を単一で一組の会計基準として策定しようとするIASBの意向を反映していることがあげられる[14]。これは2001年にIASBが創設された際の定款事項「高品質で，理解可能，かつ強制力のある単一で一組の国際的な会計基準を開発すること」が大きく影響しているものであり，この定款事項に沿うように，full IFRSとIFRS for SMEsは単一で一組の会計基準として策定されなければならなかったのである。

さらに，IFRS for SMEsは将来的なfull IFRSの移行を目指して策定されたものであり[15]，その目的を果たすために公正価値測定の維持，策定初期段階でのクロスレファレンスの盛り込みが行われたものと考えられる。

今回は，先進国の厳しい反対意見を受け入れ，クロスレファレンスが削除されるに至った。しかし，これは，IASBの戦略的な意向が否定され，定款事項に反する可能性を生むものである。世界各国のSMEの経済的な存在感は異なっており，しかも，各国の複雑な国内事情を反映した国際的な決め事は，見方によっては玉虫色の解釈が生まれる余地と可能性があることは否定できない。

IASBの戦略的意向を盛り込んだIFRS for SMEsが，真にSMEの会計実務

を反映し，SMEの意見を取り入れ策定することができたのかどうか，IFRS for SMEs適用を公表している国のニーズに沿ったものであるかどうか疑問が生じるところである。

注

1) IASB（2012b）.IFRS for SMEs適用（適用予定）を公表している国々は,以下である。アルゼンチン, ブラジル, チリ, ガイアナ, ペルー, スリナム, ベネズエラ, アンティグア＆バーブーダ, アルバ, バミューダ, バハマ, バルバドス, ケイマン, ドミニカ共和国, グアドループ, ジャマイカ, モンセラット, セントキッツ・ネービス, セントルシア, トリニダード・トバゴ, ベリーズ, コスタリカ, エルサルバドル, グアテマラ, ホンジュラス, ニカラグア, パナマ, 南アフリカ, ボツワナ, エジプト, エチオピア, ガーナ, ケニア, レソト, マラウイ, モーリシャス, ナミビア, ナイジェリア, シエラレオネ, タンザニア, スワジランド, ウガンダ, ザンビア, ジンバブエ, カンボジア, フィジー, 香港, マレーシア, ミャンマー, ネパール, フィリピン, シンガポール, スリランカ, ヨルダン, レバノン, パレスチナ, カタール, アゼルバイジャン, キルギスタン, モルドバ, トルコ, ボスニア・ヘルツェゴビナ, マケドニア, スイス。先進国の指標にはさまざまなものがあるが, 今回は日本の内閣府が毎年2回発表する「世界経済の潮流」に定義されている経済協力開発機構（OECD）加盟国を用いている。
2) Tanaka, G（2014）の指摘による。
3) ここでのfull IFRSの概念フレームワークは,1989年度概念フレームワークをさす。
4) 我が国において, 河﨑（2010）；河﨑（2011b）；平賀（2008）；平賀（2009）；小津（2009）；国際会計研究学会（2011）等, 数々の先行研究がなされており, IFRS for SMEsの特徴等が明らかにされている。
5) 平賀（2008）,43-72頁；平賀（2009）,41-51頁。
6) IASB（2004b）.
7) IASB（2004b）, pp.26-29.
8) IASB（2004a）.
9) IASB（2007d）.
10) IFRS for SMEs適用国・非適用国であるかどうかは, IASB（2012b）をもとに決定している。
11) Rule of Fiveとは,独立性の検定を行う場合少なくとも各カテゴリーの数値が5以上でなければならないというものである。
12) 河﨑（2013a）の指摘による。
13) 平賀（2008）；平賀（2009）の指摘による。櫛部（2013a）においても同様の分析結果を示している。
14) IASB（2001）.
　2001年にIASBが創設された際, 定款事項として「高品質で, 理解可能, かつ強制力のある単一で一組の国際的な会計基準を開発すること」,「各国の国内会計基準と国際会計基準を高品質でコンバージェンスさせること」を掲げている。この定款事項に反しないようにIFRS for SMEsが策定されていると考えられる。

15) IASB (2007a) において, IFRS for SMEs の策定目的の1つに, 将来的に適用企業が上場した際, スムーズに full IFRS に移行することを目指すものであるとしている。

〈謝辞〉
　検定によるコメントレター分析については, 関西学院大学 福井幸男教授のご指導をいただいている。記して感謝申し上げる。

第4章

IFRS for SMEs の認識・測定における簡素化と除外

第Ⅰ部　IFRS for SMEs の策定と内容

Ⅰ　IFRS for SMEs の認識・測定における簡素化と除外の可能性

　IFRS for SMEs の特徴の1つとして認識・測定の簡素化，除外があげられる。本章ではこの特徴をより具体的にする礎となった，認識・測定の簡素化，除外の可能性についてのスタッフアンケート（2005 年 4 月），作業部会（2005 年 6 月），円卓会議（2005 年 10 月），その後の IASB スタッフにおける推奨内容を取り上げる。後に公表される公開草案においてスタッフアンケート・各会議の審議の内容がどのように影響しているのかを明らかにする。

Ⅱ　認識・測定における簡素化，除外の可能性についてのスタッフアンケート・各会議における審議事項

　2005 年 4 月，IFRS for SMEs における認識・測定の簡素化，除外の可能性についてのスタッフアンケートが行われた[1]。

　寄せられたスタッフアンケートの回答をもとに，基準諮問会議（2005 年 6 月），作業部会（2005 年 6 月），世界会計基準設定者会議（2005 年 9 月），円卓会議（2005 年 10 月）において審議が行われた。さらに 2005 年 11 月から 12 月にかけて，IASB スタッフにより認識・測定の簡素化の可能性について審議され，推奨内容が提示された。これらの審議の結果は，Agenda Paper11 において公表されている[2]。

　以下において，Agenda Paper11 に記されている「認識・測定における簡素化，除外の可能性についてのスタッフアンケートの結果」，「作業部会の推奨」，「円卓会議の提案」，「IASB スタッフの推奨」をもとに，各会議の審議内容と審議の結果が公開草案，ひいては IFRS for SMEs 完成版においてどのように反映されているのかを明らかにする。

　スタッフアンケート・各会議における審議は，図表 4-1 の 15 項目に対し行われている。

第4章 ■ IFRS for SMEs の認識・測定における簡素化と除外

図表4-1 認識・測定における簡素化，除外の可能性についての
スタッフアンケート・各会議における審議内容

① IAS第37号における引当金，偶発負債および偶発資産の認識・測定について
② IAS第38号における実現可能性が高まった後の開発費の資産計上について
③ IAS第39号における実効金利法の適用について
④ IAS第39号に基づく公正価値測定について
⑤ IAS第41号における生物資産（農産物）の公正価値適用について
⑥ IFRS第2号における株式報酬の測定について
⑦ IFRS第3号における企業結合・パーチェス法について
⑧ IAS第7号におけるキャッシュ・フロー計算書が必要であるかどうかについて
⑨ IAS第16号における有形固定資産の再評価モデル，IAS第38号の無形固定資産の再評価モデルについて
⑩ IAS第16号におけるコンポーネントアプローチについて
⑪ IAS第16号における有形固定資産の残存価額と耐用年数の見積もりの再検討について
⑫ IAS第40号における投資不動産の再評価の頻度について
⑬ IAS第40号における投資不動産においてIAS第16号の再評価モデルを適用する必要性について
⑭ IFRS第1号における初度適用の遡及措置について
⑮ IFRS第5号の売却目的で保有する非流動資産および非継続事業の簡素化の必要性について

1 認識・測定の簡素化，除外の可能性についてのスタッフアンケートの結果

　2005年4月，IFRS for SMEs における認識・測定の簡素化実現へ向けて，認識・測定の簡素化，除外の可能性についてのスタッフアンケートが行われ，IASB は，101通の回答を受け取っている[3]。

　このスタッフアンケートにおける論点は，「簡素化」と「除外」であり，上述の15項目に対し回答が寄せられている[4]。回答の内容は，次のとおりである。

51

① IAS 第 37 号における引当金，偶発負債および偶発資産の認識・測定について

大多数の回答者が，IAS 第 37 号における引当金，偶発負債および偶発資産の認識・測定について簡素化の必要はないとしている。しかし，少数の回答者は，コスト・ベネフィットの観点から簡素化の必要があるとしている。割引現在価値による測定について，企業の平均的な割引率や追加借入利子率の利用を提案している。

② IAS 第 38 号における実現可能性が高まった後の開発費の資産計上について

IAS 第 38 号における開発費の資産計上について，簡素化の必要があるとした回答者数と必要はないとする回答者数は，ほぼ同数である。

簡素化の必要性があるとした回答者は，その理由として，「IAS 第 38 号において規定されている資産計上の要件を満たしている」ということを証明することは，SME にとって非常に困難であることをあげている。

さらに，SME が開発費の資本化を行う場合，full IFRS を参照しなければならないため，負担が軽減されないとしている。また，これらの回答者は，開発費が最終的に資産計上された場合の情報の有用性も疑問視している。SME の財務諸表利用者は，通常 SME の短期的な支払能力を重要視しているため，開発費を資産計上する必要はないとしている。さらに，財務諸表の比較可能性の観点からも，SME はすべての開発費を費用計上すべきであるとの提案がなされている。

③ IAS 第 39 号における実効金利法の適用について

66％の回答者が，簡素化の必要があるとしている。実効金利法の適用は，計算が複雑でコストがかかるため SME に負担であるとしている。定額法はコストがかからず，定額法を選択しても財務諸表利用者の意思決定にほとんど影響を与えないとし，SME の負担をなくすために，実効金利法か定額法のいずれかを選択できるようにすべきであるとしている。

④ IAS 第 39 号に基づく公正価値測定について

回答者の 95％が，公正価値を決める際にコストがかかるため簡素化の必要があるとしている。さらに，市場による公正価値がない場合や信頼しうる見

積価格を算定することが困難な場合，SME の会計に問題が生じるとしている。そこで，活発な市場における価格の見積もりが存在する場合にのみ，公正価値を使用すべきであるとし，それ以外の場合は，取得原価による測定をしなければならないとしている。また，IAS 第 39 号の公正価値の測定要件についても，大多数の回答者は，簡素化の必要があるとしている。

デリバティブに関しては，大多数の回答者が，公正価値ですべてのデリバティブを測定するという EFRAG の見解を支持している[5]。

⑤ IAS 第 41 号における生物資産（農産物）の公正価値適用について

80％の回答者が，IAS 第 41 号における生物資産の公正価値の適用は SME に問題を生じさせるとし，簡素化の必要があるとしている。

また，農産物に関してこのような意見が出されている。SME によって収穫された農産物の多くは，収穫後組合が農産物を集めるため，農産物を集める時点では公正価値測定が困難である。そこで，農産物を収穫した時点の取得原価で測定することを許容すべきであるとしている。

⑥ IFRS 第 2 号における株式報酬の測定について

80％の回答者が，簡素化の必要があるとしている。SME の株式は，株式市場で取引されず，SME が価格変動を測定することは困難であるとしている。

⑦ IFRS 第 3 号における企業結合・パーチェス法について

大多数の回答者は，IFRS 第 3 号の企業結合における取得日の公正価値測定は，コストがかかり複雑であるとし，簡素化の必要があるとしている。しかし，SME が企業結合を行う場合もあるため，IFRS 第 3 号を完全に除外することはできないとしている。

また，公正価値が帳簿価額と大きく異なることが明らかでないかぎり，被取得企業の帳簿価額を使用することを許容すべきであるとし，持分プーリング法を行うことを許容すべきであるとしている。

大多数の回答者は，無形資産（のれん）を認識すべきではないとしている。

⑧ IAS 第 7 号におけるキャッシュ・フロー計算書が必要であるかどうかについて

大多数の回答者は，除外の必要はないとしている。キャッシュ・フロー計

算書の作成は，SMEにとって負担はなく，短期のキャッシュ・フローについては，財務諸表利用者の需要が高いとし，SMEの財務諸表の構成要素として維持すべきであるとしている。

⑨ IAS第16号における有形固定資産の再評価モデル，IAS第38号の無形固定資産の再評価モデルについて

約80％の回答者は，簡素化の必要はないとしている。市場価値が測定可能であり，市場において支障なく売却可能である場合において，再評価モデルを適用すべきであるとしている。約10％の回答者は，SMEにとって再評価モデルは必要でないとし，簡素化の必要があるとしている。残りの10％の回答者は，取得原価測定と公正価値測定のいずれかを選択することを提案している。

⑩ IAS第16号におけるコンポーネントアプローチについて

約13％の回答者は，コンポーネントアプローチを簡素化すべきであるとしている。コンポーネントアプローチを適用する場合，コンポーネントを識別しなければならないが，SMEにとって個々の耐用年数を推定することは難しいとしている。

⑪ IAS第16号における有形固定資産の残存価額と耐用年数の見積もりの再検討について

すべての回答者が，残存価額と耐用年数の毎期見直しを勧めておらず，簡素化の必要があるとしている。残存価額および耐用年数に明確な変化がある場合にのみ，変更することを勧めている。

⑫ IAS第40号における投資不動産の再評価の頻度について

大多数の回答者は，再評価モデルを適用する必要はなく，簡素化の必要があるとしている。さらに数人の回答者は，毎年の再評価は，コスト・ベネフィットの観点から有用でないとした。再評価の頻度を減らすか，明確な頻度を示さず公正価値測定を行うべきであるとしている。

⑬ IAS 第 40 号における投資不動産において IAS 第 16 号の再評価モデルを適用する必要性について

大多数の回答者は，IAS 第 16 号の再評価モデルを適用する必要はないとしている。少数の回答者は，IAS 第 16 号の再評価モデルを適用する必要があるとしている。再評価モデルを適用する利点は，再評価後の差額を公正価値の増加として資本に直接計上されることであり，それにより減価償却費が増加するとしている。

⑭ IFRS 第 1 号における初度適用の遡及措置について

大多数の回答者は，簡素化の必要があるとしている。IFRS の初度適用において遡及的に新会計基準を適用する際，SME は上場企業や大企業よりも，過去のデータを集める専門家が少ないと指摘している。

⑮ IFRS 第 5 号の売却目的で保有する非流動資産および非継続事業の簡素化の必要性について

88％の回答者が簡素化の必要はないとしている。しかし，約12％の回答者が，SME が IFRS 第 5 号を適用することは難しいとしている。

2 作業部会の推奨の内容

認識・測定の簡素化，除外の可能性についてのスタッフアンケートの結果を受け，作業部会[6]は，2005 年 6 月 29 日から 30 日にかけて会議を行い，2005 年 8 月に，推奨する包括的なレポートを IASB に提出している[7]。作業部会が推奨した内容は以下である[8]。

① IAS 第 37 号における引当金, 偶発負債および偶発資産の認識・測定について

作業部会は，IAS 第 37 号の簡素化に関して，新たな提案を行っていない。

② IAS 第 38 号における実現可能性が高まった後の開発費の資産計上について

少数の作業部会のメンバーは，開発費の実現可能性のテスト（資産計上の要件）は負担にはならないとし，簡素化の必要はないとした。しかし大多数のメンバーは，負担であるとし，簡素化の必要があるとしている。

55

③ IAS 第 39 号における実効金利法の適用について

簡素化の必要があるとしている。

④ IAS 第 39 号に基づく公正価値測定について

簡素化の必要があるとしている。

ヘッジについては，IFRS for SMEs には，キャッシュ・フロー・ヘッジのみを含むべきであるとしている。他のヘッジに関しては，強制的に IAS 第 39 号を相互参照すべきであるとする意見や，適用できる会計処理とヘッジ手段の諸条件の表示を広げるべきであるとの意見が出されている。

派生デリバティブの認識について，SME が派生デリバティブを認識する必要はないとし，代わりに契約の諸条件に関する追加開示を行う必要があるとの意見が出されている。

⑤ IAS 第 41 号における生物資産（農産物）の公正価値適用について

簡素化の必要があるとしている。生物資産は，測定可能な市場価格があり，容易に売却可能あるいは生物資産を売却する方向に取り組んでいる場合にのみ公正価値による測定を行うべきであるとしている。

⑥ IFRS 第 2 号における株式報酬の測定について

簡素化の必要があるとし，持分決済型株式報酬取引は SME にとって必要ではないとしている。また，SME が株式を発行しない形で存在していることを指摘し，このような状況の中で IFRS 第 2 号を適用する必要はないとしている。

⑦ IFRS 第 3 号における企業結合・パーチェス法について

簡素化の必要があるとしている。また，無形固定資産（のれん）を認識するという立場をとっていない。

⑧ IAS 第 7 号におけるキャッシュ・フロー計算書が必要であるかどうかについて

SME の財務諸表の完全な体系の一部分として，キャッシュ・フロー計算書は引き続き必要であるとしている。

⑨ IAS 第16号における有形固定資産の再評価モデル、IAS 第38号の無形固定資産の再評価モデルについて

大多数のメンバーは、IAS 第16号とIAS 第38号の再評価オプションの簡素化を主張している。

⑩ IAS 第16号におけるコンポーネントアプローチについて

簡素化の必要はないとしている。

⑪ IAS 第16号における有形固定資産の残存価額と耐用年数の見積もりの再検討について

簡素化の必要はないとしている。

⑫ IAS 第40号における投資不動産の再評価の頻度について

簡素化の必要があるとしている。SME には、原価モデルと再評価モデルの選択を認めるべきであるとしている。また IAS 第40号との相互参照を認めているが、必ずしも毎期再評価を行う必要はないとしている。

⑬ IAS 第40号における投資不動産において IAS 第16号の再評価モデルを適用する必要性について

簡素化の必要はないとしている。

⑭ IFRS 第1号における初度適用の遡及措置について

初度適用の遡及措置は SME にとって負担が大きく、簡素化の必要があるとしている。

⑮ IFRS 第5号の売却目的で保有する非流動資産および非継続事業の簡素化の必要性について

簡素化の必要があるとしている。測定可能な市場価格があり、容易に販売可能である場合あるいは販売が予定されている場合にのみ、公正価値で測定する必要があるとしている。

3 円卓会議における審議の結果

円卓会議は、ロンドンで2005年10月13日から14日にかけて開催され、43団体の代表が参加した。円卓会議の具体的内容は「SME が IFRS for SMEs

を適用するに際し，認識・測定における簡素化，除外の可能性がある領域は何か」であり，上述のスタッフアンケート，作業部会の審議内容を考慮し，議論が行われている[9]。

円卓会議の結果，推奨されている内容は以下である[10]。

① IAS 第 37 号における引当金，偶発負債および偶発資産の認識・測定について

この問題について，議論されなかった。

② IAS 第 38 号における実現可能性が高まった後の開発費の資産計上について

この問題について，議論されなかった。

③ IAS 第 39 号における実効金利法の適用について

定額法の適用を認めるとし，簡素化の必要があるとしている。

④ IAS 第 39 号に基づく公正価値測定について

大多数の参加者は，簡素化の必要はないとし，デリバティブに関し，EFRAG の見解を支持している。少数の参加者は，既存市場があり，売却する意思がある場合にのみ市場価格をもとに公正価値測定を行うべきであると主張している。

⑤ IAS 第 41 号における生物資産（農産物）の公正価値適用について

大多数の参加者は，簡素化の必要はないとし，生物資産の公正価値測定は必要であるとしている。特に融資を行う銀行にとって，木材や家畜などの生物資産の公正価値情報は，重要性が高いとしている。少数の参加者は，公正価値測定は負担であるとし，簡素化の必要があるとしている。

⑥ IFRS 第 2 号における株式報酬の測定について

大多数の参加者は，簡素化の必要はないとしている。少数の参加者は，株式報酬の測定は負担であるとし，持分決済型株式報酬取引は，本源的な価値を用いて行うべきであるとしている。

⑦ IFRS 第 3 号における企業結合・パーチェス法について

大多数の参加者は，SME が企業結合において無形固定資産（のれん）を認識する必要はないとしている。

⑧ IAS 第 7 号におけるキャッシュ・フロー計算書が必要であるかどうかについて

除外する必要があるとしている。2 名の参加者は，現在，自国の SME に対し，キャッシュ・フロー計算書の作成を免除していると述べている。さらに，最近自国の SME 基準を公表した国の参加者は，コスト・ベネフィットの観点から，キャッシュ・フロー計算書の作成を強制していないと述べている。

⑨ IAS 第 16 号における有形固定資産の再評価モデル，IAS 第 38 号の無形固定資産の再評価モデルについて

取得原価測定を行い，公正価値測定を簡素化することを提案している。

⑩ IAS 第 16 号におけるコンポーネントアプローチについて

大多数の参加者は，簡素化の必要はないとしている。少数の参加者は，SME にとって測定の際の大きな負担になるとし，簡素化の必要があるとしている。

⑪ IAS 第 16 号における有形固定資産の残存価額と耐用年数の見積もりの再検討について

この問題について，議論されなかった。

⑫ IAS 第 40 号における投資不動産の再評価の頻度について

大多数の参加者は，簡素化の必要はないとしている。少数の参加者は，毎年の再評価は，SME にとって負担であるとし，簡素化の必要があるとしている。

⑬ IAS 第 40 号における投資不動産において IAS 第 16 号の再評価モデルを適用する必要性について

少数の参加者は，再評価モデルを適用する必要があるとし，大多数の参加者は，簡素化の必要があるとしている。

⑭ IFRS 第 1 号における初度適用の遡及措置について

大多数の参加者が，遡及措置は SME にとって負担があるとしている。

⑮ IFRS 第 5 号の売却目的で保有する非流動資産および非継続事業の簡素化の必要性について

この問題について，議論されなかった。

4 IASBスタッフの推奨

　2005年11月から12月にかけて，IASBスタッフは認識・測定における簡素化，除外の可能性についてのスタッフアンケートの結果によって示された見解，円卓会議でのコメントと作業部会の見解によって提示された問題を検討し，以下のような推奨を行っている。

　ここではスタッフアンケート，作業部会の推奨，円卓会議における意見を考慮には入れているものの，必ずしも同じ見解を示してはいない。

　以下において，IASBスタッフの推奨内容を述べる[11]。

① IAS第37号における引当金，偶発負債および偶発資産の認識・測定について

　簡素化の必要はないとしている。

② IAS第38号における実現可能性が高まった後の開発費の資産計上について

　簡素化の必要はないとしている。多額の開発費を負うSMEの場合，いつ開発費が有効になったかどうかをSME自身が知っている可能性が高い。それゆえ，IAS第38号の資産計上の要件は，SMEにとって特に負担はないとしている。

③ IAS第39号における実効金利法の適用について

　簡素化の必要があるとしている。定額法償却を許容するとの意見が出されている。

④ IAS第39号に基づく公正価値測定について

　次期以降の審議会において，公正価値測定，派生デリバティブ，ヘッジ会計，認識の中止の内容を検討するとしている。ここでは，スタッフアンケート，作業部会の推奨等の審議内容を踏まえ再度検討する事項としてこの論点をあげている。

⑤ IAS第41号における生物資産（農産物）の公正価値適用について

　簡素化の必要はないとしている。生物資産の公正価値は，取引相場価格から知られているものが多く，SMEの負担も少ないとしている。

⑥ IFRS第2号における株式報酬の測定について

　特に簡素化の必要はないとしている。株式報酬取引について，すべて測定

し計上すべきであるとの見解を示している。しかし，持分決済型株式報酬取引については，本源的価値で測定するべきであるとしている。さらにSMEが類似する企業をもとに，公正価値測定を行うことを許容するとしている。

⑦ IFRS 第 3 号における企業結合・パーチェス法について

簡素化の必要はないとしている。

⑧ IAS 第 7 号におけるキャッシュ・フロー計算書が必要であるかどうかについて

除外すべきでないとしている。キャッシュ・フロー計算書は，SMEの財務諸表として必要であるとの見解を示している。

⑨ IAS 第 16 号における有形固定資産の再評価モデル，IAS 第 38 号の無形固定資産の再評価モデルについて

簡素化の必要があるとしている。複数の選択肢がある場合，より単純な代替案を選択すべきであるとの見解を示している。IAS 第 16 号や IAS 第 38 号の再評価モデルを使用する場合，SME は常に full IFRS を相互参照するべきであるとしている。

⑩ IAS 第 16 号におけるコンポーネントアプローチについて

簡素化の必要があるとしている。

⑪ IAS 第 16 号における有形固定資産の残存価額と耐用年数の見積もりの再検討について

簡素化の必要があるとしている。毎期再評価を行わないことで，再評価モデルを簡素化できるとしている。

⑫ IAS 第 40 号における投資不動産の再評価の頻度について

簡素化の必要があるとしている。毎期再評価を行わないことで，再評価モデルを簡素化できるとしている。

⑬ IAS 第 40 号における投資不動産において IAS 第 16 号の再評価モデルを適用する必要性について

簡素化の必要があるとしている。毎期再評価を行わないことで，再評価モデルを簡素化できるとしている。

⑭ IFRS 第 1 号における初度適用の遡及措置について

　IFRS for SMEs が策定されて初めて遡及適用に関連する問題を識別し分析することができるとし，この時点での決定を見送っている。

⑮ IFRS 第 5 号の売却目的で保有する非流動資産および非継続事業の簡素化の必要性について

　簡素化の必要はないとしている。

5 公開草案での認識・測定における簡素化,除外の内容

　IFRS for SMEs の公開草案は，2007 年 2 月 15 日に，IASB より公表された。公開草案は，SME の負担を軽減すべく，SME に関連しない項目を除外し，認識と測定の簡素化を行うことによって，適用可能性を高めようとしたものである。さらに，SME の負担を減らし，かつ SME の財務諸表の比較可能性を失わず，有用で十分な情報を提供することを目的とし，策定されたものである[12]。

　以下において，審議事項である 15 項目に対し，公開草案ではどのような会計処理が要請されているのかを明らかにする[13]。

① IAS 第 37 号における引当金,偶発負債および偶発資産の認識・測定について

　主要な簡素化は行われていない。割引現在価値による測定を提案し，割引率は，貨幣の時間的価値の現在の市場評価を反映したものでなければならないとしている。また，毎期引当金を評価しなければならないとしている。

② IAS 第 38 号における実現可能性が高まった後の開発費の資産計上について

　IAS 第 38 号における資産化モデルと，全額を費用として認識する処理との選択を認めている。

③ IAS 第 39 号における実効金利法の適用について

　実効金利法の適用を要請している。

④ IAS 第 39 号に基づく公正価値測定について

　金融商品にかかわるすべての会計処理に関し，IAS 第 39 号か IFRS for SMEs の公開草案の会計処理を選択できるとしている。公開草案においては，特定

の要件を満たす金融商品は，取得原価または償却原価で測定し，他の金融商品は損益計算書を通じての公正価値測定を要請している。

⑤ IAS 第 41 号における生物資産（農産物）の公正価値適用について

生物資産の公正価値測定に関し，過度な労力・コストを必要とせず，容易に公正価値測定を行うことができる場合においては公正価値測定を行い，そうでない場合は取得原価による測定を適用している。

⑥ IFRS 第 2 号における株式報酬の測定について

基本的には付与される持分金融商品の公正価値を参照して測定しなければならないが，測定日の公正価値を信頼性をもって測定できない場合は，本源的価値で測定することを容認している。

⑦ IFRS 第 3 号における企業結合・パーチェス法について

企業結合に関し，パーチェス法を適用し，公正価値測定を行うことを要請している。

のれんを認識し，のれんの減損に関しては，減損の兆候が存在する場合のみ，減損を適用するとしている。

⑧ IAS 第 7 号におけるキャッシュ・フロー計算書が必要であるかどうかについて

キャッシュ・フロー計算書は SME にとって必要であるとし，除外は行われなかった。間接法を容認し，必要である場合には IAS 第 7 号を相互参照することとしている。

⑨ IAS 第 16 号における有形固定資産の再評価モデル，IAS 第 38 号の無形固定資産の再評価モデルについて

原価モデルが容認されたが，再評価モデルを適用する場合，必要であれば IAS 第 16 号と IAS 第 38 号を相互参照することとしている。

⑩ IAS 第 16 号におけるコンポーネントアプローチについて

コンポーネントアプローチの適用を要請している。

⑪ IAS 第 16 号における有形固定資産の残存価額と耐用年数の見積もりの再検討について

資産の使用方法の変更，重要な予期せぬ減耗，技術の進歩，および市場価

格の変動等の要因がある場合，もしくは資産の残存価額または耐用年数が直近の年次報告日以降に変化しているという兆候がある場合には，企業は従来の残存価額・耐用年数の見積りを再検討する必要があるとし，毎期の見直しを要請していない。

⑫ IAS 第 40 号における投資不動産の再評価の頻度について

投資不動産の原価モデルと再評価モデルとの選択適用を認めている。

⑬ IAS 第 40 号における投資不動産において IAS 第 16 号の再評価モデルを適用する必要性について

原価モデルと再評価モデルとの選択適用を容認している。

⑭ IFRS 第 1 号における初度適用の遡及措置について

遡及措置は基本的には要請されるが，実務上不可能な場合における免除規定が含まれることとなった。

⑮ IFRS 第 5 号の売却目的で保有する非流動資産および非継続事業の簡素化の必要性について

簡素化されることなく，IFRS for SMEs の公開草案に盛り込まれている。

III 認識・測定における簡素化，除外の可能性についてのスタッフアンケート・各会議における見解の比較

スタッフアンケート・各会議における見解を比較すると図表 4-2 のようになる[14]。

第4章 ■ IFRS for SMEs の認識・測定における簡素化と除外

図表4-2 認識・測定における簡素化,除外の可能性についての
スタッフアンケート・各会議における見解の比較

(簡素化・除外の必要がある○,簡素化・除外の必要はない×,どちらともいえない△,簡素化・除外が行われた●,簡素化・除外が行われなかった×,選択適用を認める・どちらともいえない▲)

	スタッフアンケート	作業部会	円卓会議	IASBスタッフ	公開草案	IFRS for SMEs
①IAS第37号(引当金,偶発負債,偶発資産)認識・測定	大多数× 少数○	提案が行われず。	議論が行われず。	×	×	×
②IAS第38号(開発費)資産計上	半数○ 半数×	大多数○ 少数×	議論が行われず。	×	▲資産化モデルと全額費用処理の選択を容認。	●全額費用処理を要請。
③IAS第39号(金融商品)実効金利法	66%○ 34%×	○	○	○	×実効金利法の適用を要請。	×実効金利法の適用を要請。
④IAS第39号(金融商品)公正価値	95%○ 5%×	○	大多数× 少数○	次期以降の検討事項とする。	▲特定の要件を満たす金融商品は,取得原価または償却原価で測定し,他の金融商品は公正価値による測定を要請。	▲基礎的金融商品の当初認識時は,取得原価で測定し,事後測定は,実効金利法を用いた償却原価での測定を要請。その他の金融商品の当初認識時には,公正価値で測定し,事後測定においても,公正価値で測定することを要請。
⑤IAS第41号(生物資産)公正価値	80%○ 20%×	○	大多数× 少数○	×	▲容易に公正価値測定を行うことができる場合は公正価値による測定をし,そうでない場合は取得原価による測定を要請。	▲過度のコストや労力なしに公正価値が決定される場合にのみ,公正価値による測定をし,そうでない場合は,原価・償却・減損モデルによる測定を要請。
⑥IFRS第2号(株式報酬)測定	80%○ 20%×	○	大多数× 少数○	△	▲基本的には公正価値による測定を行い,公正価値を信頼性をもって測定できない場合,本源的価値で測定することを要請。	▲基本的には公正価値による測定をし,測定可能な市場価格が入手困難な場合,取締役の最善の見積もりによる測定を要請。

65

	スタッフアンケート	作業部会	円卓会議	IASBスタッフ	公開草案	IFRS for SMEs
⑦ IFRS 第3号 (企業結合) パーチェス法	大多数○ 少数×	○	大多数○ 少数×	×	✕パーチェス法を適用し，公正価値測定を行うことを要請。のれんの認識を行い，減損は，減損の兆候が存在する場合のみ適用。	✕パーチェス法を適用し，公正価値測定を行うことを要請。のれんの認識を行い，減損は，減損の兆候が存在する場合のみ適用。
⑧ IAS 第7号 (キャッシュ・フロー計算書) 必要性	大多数× 少数○	×	○	×	✕間接法を容認し，必要である場合にはIAS第7号を相互参照することを容認。	✕直接法・間接法の両者を認め，どちらか一方を推奨しているわけではない。相互参照を削除。
⑨ IAS 第16号 (有形固定資産) IAS 第38号 (無形固定資産) 再評価	80%× 20%○	大多数○ 少数×	○	○	▲原価モデルが容認されたが，再評価モデルを適用する場合，IAS第16号とIAS第38号の相互参照を容認。	●原価モデルのみを適用。
⑩ IAS 第16号 (有形固定資産) コンポーネントアプローチ	87%× 13%○	×	大多数× 少数○	○	✕	▲主要な構成部分に係る経済的便益の消費パターンが著しく異なっている場合，コンポーネントアプローチを要請。
⑪ IAS 第16号 (有形固定資産) 残存価額・耐用年数の再見積	○	×	議論が行われず。	○	▲資産の使用方法の変更，重要な予期せぬ減耗，技術の進歩，および市場価格の変動等の要因がある場合もしくは，資産の残存価額または耐用年数が直近の年次報告日以降に変化しているという兆候がある場合，再検討を要請。	▲耐用年数，残存価額，償却方法において，変化したことを示す兆候，物価変動・技術進歩がある場合再検討を要請。
⑫ IAS 第40号 (投資不動産) 再評価の頻度	大多数○ 少数×	○	大多数× 少数○	○	▲原価モデルと再評価モデルとの選択適用を容認し，毎期再評価を行うかどうか選択できる。	✕公正価値が過度のコストや労力なしに信頼性をもって継続的に測定できる場合，公正価値測定を要請し，毎期再評価を行う。それができない場合は有形固定資産に分類する。

第4章　IFRS for SMEsの認識・測定における簡素化と除外

	スタッフアンケート	作業部会	円卓会議	IASBスタッフ	公開草案	IFRS for SMEs
⑬ IAS 第40号（投資不動産）再評価の必要性	大多数 ○ 少数 ×	×	大多数 ○ 少数 ×	○	▲原価モデルと再評価モデルとの選択適用を容認。	×公正価値測定を要請し、毎期再評価を行う。
⑭ IFRS 第1号（初度適用）遡及措置	大多数 ○ 少数 ×	○	大多数 ○ 少数 ×	決定を見送る。	▲遡及措置は基本的には要請されるが、実務上不可能な場合における免除規定が含まれた。	▲遡及措置は基本的には要請されるが、実務上不可能な場合における免除規定が含まれた。
⑮ IFRS 第5号（売却目的保有非流動資産・非継続事業）必要性	88% × 12% ○	○	議論が行われず。	×	×	●売却目的非流動資産とそれに関連する特別な測定の要請を簡素化している。

出所：本章Ⅱ，IASB (2009h) より筆者作成。

　IASBスタッフにおける推奨が行われた後，IASBは，2006年1月のIASB審議会において，公開草案の予備的なスタッフ草案を提出している[15]。

　2006年8月には，IASBの公的なウェブサイトに公開草案の起草案を公表し，公開草案の起草案に対するIASBの審議は，2006年9月から2006年10月まで行われた。さらに2006年11月に，IASBは改訂された公開草案の起草案を公表し，2007年2月15日に，公開草案が公表された[16]。スタッフアンケートと各会議の見解は，公開草案の予備的なスタッフ草案と公開草案，ひいてはIFRS for SMEsに反映されることとなったと考えられる。

　スタッフアンケートと各会議の見解は必ずしも一致してはいない。また，「③ IAS 第39号（金融商品）実効金利法」のように，スタッフアンケートと各会議において簡素化の必要があるとしていたにもかかわらず，後の審議会にて再検討され，公開草案では簡素化が行われなかったものもある。

　また，「④ IAS 第39号（金融商品）公正価値」・「⑤ IAS 第41号（生物資産）公正価値」・「⑦ IFRS 第3号（企業結合）パーチェス法」のように，スタッフアンケートと作業部会，円卓会議にて簡素化の必要があるとしたにも

67

かかわらず，IASBスタッフにて簡素化が推奨されていない場合があり，IASBスタッフが公正価値測定の簡素化について慎重であることがうかがえる。また，IASBスタッフは簡素化，除外を15項目中6項目しか推奨しておらず，簡素化，除外自体に慎重であることがわかる。

IV 簡素化，除外に対する疑問

　本章において，認識・測定の簡素化，除外の可能性についてのスタッフアンケートと各会議の審議内容・審議の結果を追い，これが公開草案においてどのように反映されているかを明らかにした。

　IASBはIFRS for SMEsを策定するにあたり，今回のようにさまざまな意見を取り入れようとしている。これは，SMEの会計実務を十分に考慮した基準としてIFRS for SMEsを策定し，世界のSMEに積極的にIFRS for SMEsを適用させようというIASBのねらいがあるものと考えられる。

　IFRS for SMEsは，我が国のSMEの会計基準とは異なり，「経営者が経営状態を把握する」という経営管理目的を会計基準設定の目的としてあげていない。あくまでも国際化が進むSMEの経営において，国際的な財務諸表の比較可能性を高めることを目的としている。

　しかし，IFRSに関する専門知識や資金に乏しいSMEにとって，full IFRSが要請する高度な認識・測定原則を適用することは過大な負担となるため，今回のような認識・測定における簡素化や，SMEに関連しない項目の除外が検討されている。

　今回のスタッフアンケートと各会議において，「公正価値測定を行うかどうか」，「除外を行うかどうか」，「簡単な会計処理方法を認めるかどうか」の3点が問われている。「公正価値測定を行うかどうか」については，公正価値が入手できない，公正価値がSMEとSMEの利害関係者にとって必要でない，公正価値測定がSMEにとって複雑すぎるという理由により，簡素化が検討

第4章 ■ IFRS for SMEs の認識・測定における簡素化と除外

されていると考えられる。また「除外を行うかどうか」については，検討項目が SME と SME の利害関係者にとって必要であるかどうか，SME にとって負担であるかどうかが重要視されている。さらに，「簡単な会計処理方法を認めるかどうか」については，SME の負担を考慮し，簡単な処理であっても SME の利害関係者に対し有用な情報を提供できるかどうかが重要視されている。

　実際，除外が検討されながらも，公開草案において，除外されなかったものがある。キャッシュ・フロー計算書は検討事項としてあげられたものの，SME の債権者や他の利害関係者にとってキャッシュ・フロー計算書がもたらす情報はきわめて重要であり，またキャッシュ・フロー計算書の作成が簡単であるという理由から除外が行われなかった。

　コスト・ベネフィットを考慮しつつ，また財務諸表の比較可能性を損なわず，認識・測定における簡素化，除外をどこまで適用していくのかということがここでの論点である。

　この後，IFRS for SMEs の公開草案は，公開草案公表後のコメントレターとフィールドテストの結果を反映し，さらなる SME 会計の実務，コスト・ベネフィットを考慮した会計基準へと変化していくこととなる。

　今回のスタッフアンケートと各会議は，IFRS for SMEs の主要な特徴である認識・測定の簡素化，除外へ向けての最初の動きであり，礎ともいえるものである。これを基点に現在の IFRS for SMEs における簡素化，除外が行われており，大きな意味をもつと考えられる。今回のスタッフアンケートは，主に先進国を中心に行われた。この後の公開草案に対するフィールドテストでは，新興経済国・発展途上国の意見を取り入れていく[17]こととなり，IFRS for SMEs は，先進国のみならず，新興経済国・発展途上国の意見が反映され，策定されている。

　今回の分析により，スタッフアンケートと円卓会議，作業部会において，公正価値測定の簡素化が提案されたにもかかわらず，IASB スタッフの推奨では反対され，公開草案において公正価値測定が維持されているケースがみら

69

れた。ここから IASB は，公正価値測定の簡素化に関し，非常に慎重であると考えられる。さらに公正価値測定のみならず，その他の項目においても，簡素化に対して非常に慎重であることがうかがえる[18]。

公正価値測定の簡素化に慎重な理由として，full IFRS が公正価値測定を前提に策定されていることから，IFRS for SMEs においても公正価値測定を極力維持しようという意向が IASB にあることがあげられる。またすでに述べたように，full IFRS と IFRS for SMEs が異なる会計処理を行うことを極力避け，両者を単一で一組の会計基準[19]として策定しようとする IASB の意向を反映していることが考えられる。

このような IASB の意向を強く反映した簡素化の方法が，はたして妥当であるか疑問が生じるところである。

注

1) IASB（2005a）.
2) IASB（2005b）.
3) IASB（2009c）.
4) IASB（2005b）.
5) EFRAG の見解は以下である。
　すべてのデリバティブにおける（信頼性をもって測定できない株式に関連するもの，外貨建ヘッジのようなデリバティブを除く）損益については損益計算書に計上し，公正価値で測定されるべきである。
6) Small and Medium-sized Entities Working Group. 作業部会は 36 人で構成され，構成内容は以下である。
　機関別では，会計基準設定機関・国家機関約 58%，監査法人約 17%，大学約 3%，企業・銀行約 5%，企業約 17% である。国別では，ヨーロッパ・オセアニア・アメリカ等が全体の約 56%，南アフリカ・アジアにおける新興経済国・発展途上国と呼ばれる国々は，全体の約 27% である。先進国を中心に構成されている。
7) IASB（2009c）.
8) IASB（2005b）.
9) IASB（2009c）, *Public roundtables on recognition and measurement.*
10) IASB（2005b）.
11) IASB（2005b）.
12) IASB（2005b）.
13) IASB（2007f）.
14) IASB（2007f）.
15) IASB（2009c）, *Deliberations leading to the Exposure Draft.*

16) IASB（2009c）, *Background and Tentative Decisions to Date, February 2007 Exposure Draft.*
17) IASB（2007j）.
18) IFRS for SMEs は，簡素化ではなく除外により分量が減らされている傾向があるといわれている。河﨑（2013a）。
19) IASB（2001）.

第 5 章

IFRS for SMEs の
具体的内容と IASB の戦略

第Ⅰ部　IFRS for SMEs の策定と内容

Ⅰ　IFRS for SMEs の完成

　2009年7月に，IFRS for SMEs が完成している。公開草案の段階では，将来的な full IFRS への移行をしやすくするという策定目的があげられていたが，IFRS for SMEs 完成版公表段階では，IASB はこの目的を明確には述べていない。しかし，明確に述べられていなくとも IFRS for SMEs を適用している SME が上場した場合，おのずと full IFRS へ移行していくことは十分に予想される。

　また，この基準の改訂頻度は3年に一度とされている。公開草案の段階では2年に一度であったが，SME の負担を減らすために3年に一度になったと考えられる。

　本章において，IFRS for SMEs 完成版の策定目的，対象会社等を明らかにし，IFRS for SMEs 策定を通しての IASB の戦略的な意向を検討する。

Ⅱ　IFRS for SMEs 公表のプレスリリース[1]（2009年7月9日）

　IFRS for SMEs 公表のプレスリリースにおいて，IASB は，IFRS for SMEs を公表した経緯を述べ，「SME に関する5年間（これは，『討議資料・中小企業のための国際会計基準に関する予備的見解［2004年6月］』を公表[2]してからの年数である）の広範囲な協議を経た結果として公表されたものである。」としている。さらに，この IFRS for SMEs は，SME の企業能力に適応するように作成されたものであり，資産・負債，費用・収益の認識・測定における簡素化，SME に関連しない項目・開示要求の項目が除外されていること，報告の負担を減らすために改訂は3年に一度とされていることなどを述べている。

　IFRS for SMEs を適用することのベネフィットとして，財務諸表利用者に

74

より良い比較可能性を与えること，SME の財務諸表の信頼性を強化すること，full IFRS を適用することにより生じるコストを削減することをあげている。

III IFRS for SMEs の対象となる会社

　IFRS for SMEs の対象となる会社は，以下のように規定されている。
　「公的説明責任を有さず，かつ外部の財務諸表利用者に一般目的財務諸表を公表する企業」(Section 1.2)[3]。
　公的説明責任を有しておらず，かつ外部の財務諸表利用者に一般目的財務諸表を公表する必要がある企業とは，金融機関等に対し借入目的等で財務諸表を公表する必要がある企業であると考えられるため，いわゆる小規模の商店ではなく，ある程度の規模をもった企業を IASB が想定していることがわかる[4]。
　さらに IFRS for SMEs では，「公的責任を有する」ということを以下のように規定している。
　「企業の負債金融商品または持分金融商品が公的な市場で取引される」，または，「公的な市場で取引されるか，公開市場での当該金融商品の発行の過程にある場合」としている。公的に取引されるとは，公的な市場で販売するために，証券委員会やその他の規制組織に登録していることであり[5]，これに当てはまる企業とは上場企業であると解される。
　また，IFRS for SMEs では，「企業の主要な事業の 1 つとして，外部者の広範なグループの受託者として資産を保有している場合」も，公的責任を有するとしている (Section 1.3)。主要な事業の 1 つとして資産を受託されている例として，銀行・信用組合・保険会社・証券業者・投資銀行があげられ，主要な事業に付随して資産を受託されている例として，学校・慈善組織・旅行代理店・不動産代理店があげられる[6]。

IFRS for SMEs では，このいずれかに当てはまると公的な責任を有することとなり，IFRS for SMEs を適用することはできないこととなる。対象となる会社を量的な基準，つまり資本金の額・従業員数などの規模基準での規定は行っておらず，質的基準，公的責任を有するかどうかということにより対象企業を規定している。したがって，いわゆる零細企業であっても公的説明責任を有していれば，IFRS for SMEs を適用することはできない。

さらに公的説明責任を有する企業が IFRS for SMEs を利用し，たとえ，この IFRS for SMEs の利用を国が法的に承認・要求していたとしても，IFRS for SMEs に適合した財務諸表とはいえないとし（Section 1.5），あくまでも対象を非上場の SME であると強調している。

また，IFRS for SMEs では，親会社が full IFRS を適用している場合であっても，子会社自体が公的説明責任を有していなければ子会社は IFRS for SMEs を使うことができるとしている（Section 1.6）。

しかしこの場合，親会社・子会社の連結財務諸表を作成する際に，「子会社が再度 full IFRS を適用した財務諸表を作成するのか」，「IFRS for SMEs を適用した場合と full IFRS を適用した場合の両者の財務諸表の差異調整表を作成するのか」，「最初から full IFRS を適用する場合と IFRS for SMEs を適用する場合との2種類の財務諸表を作成するのか」などの疑問が生じることとなる。

IV IFRS for SMEs の策定目的

プレスリリースにおいても明確に述べられているが，IFRS for SMEs の策定目的は，SME の財務諸表利用者のために比較可能性を高めること，SME の財務諸表の全体的な信頼性を高めること，国内ベースの基準の維持に伴う相当のコストを削減することである[7]。

SME の計算書類は，公的な資本市場での投資家のニーズがなく，短期の

現金フロー，支払い能力を表示することが求められている。これに対し，full IFRS は，公的な資本市場における投資家のニーズを満たすよう作られ，表示すべき内容は広範囲にわたる項目を含んでいるため SME にとっては負担が大きいものとなる。そこで，この負担を軽減すべく IFRS for SMEs が策定されたものである[8]。

さらに，ヨーロッパでは，2,000万以上の企業があり，そのうち SME（中程度の規模の企業）が500万以上あるといわれている。ヨーロッパ諸国には，自国の SME 基準があり，アジア諸国においても同様である。IASB は，そのような現状に対し，各国が自国の SME 基準をもっていることが問題であると指摘している[9]。

SME 経営のグローバル化，SME の取引先・利害関係者のグローバル化に伴い，世界的に SME の財務諸表の比較可能性を確保する必要性が生じたことも，IFRS for SMEs が策定された要因の1つである。

Ⅴ　IFRS for SMEs の具体的内容

1　IFRS for SMEs の概念フレームワーク

full IFRS の概念フレームワーク[10]は，公正価値測定を前提としているが，IFRS for SMEs では，認識・測定の簡素化が行われ公正価値測定が困難な場合，取得原価による測定も認められる会計処理がある。

しかし，IFRS for SMEs の概念フレームワークの「財務諸表の質的特性」において，full IFRS のように基本的特性と副次的特性の区別・制約条件の識別がない，full IFRS のように継続企業の公準が述べられていないなど，両者の概念フレームワークにおいて多少の違いはあるものの，ほぼ同じである。

また，収益・費用の認識は，資産・負債の認識に依存しており full IFRS と同じく資産・負債アプローチによる認識を規定している。

図表 5-1 IFRS for SMEs の概念フレームワーク

項目	
財務諸表の目的	SMEに対し，直接的に情報請求できない情報利用者に対し，その経済的意思決定に有用な財政状態，業績，キャッシュ・フローに関する情報を提供する。受託責任に関する情報に特化。
情報の質的特性	理解可能性・目的適合性・信頼性・比較可能性・実質優先・慎重性・完全性・重要性・適時性・コスト・ベネフィットの均衡において，基本的特性と副次的特性の区別・制約条件の識別はない。表現の忠実性や中立性が質的特性として認識されていない。
財務諸表の構成要素と定義	財政状態を示すものとして資産，負債，持分を定義。 業績を示すものとして，収益，費用を定義。
構成要素の認識	構成要素の認識とは，各構成要素の定義を充足し，「将来の経済的便益の蓋然性」，「測定の信頼性」の基準を充足するプロセスとしている。
構成要素の測定	取得原価，償却原価，公正価値の3つを規定。
財務諸表の基礎	発生主義に準拠。 (Section3.8の財務諸表の表示のところに継続企業が述べられている)
財務諸表の認識	収益・費用の認識は，資産・負債の認識に依存。
資本維持の概念	資本および資本維持の概念が説明されていない。

出所：IASB (2009h)；Mackenzie, et.al. (2010), pp.8-9, p.18；河﨑監訳 (2011), 10頁, 23-24頁をもとに筆者作成。

2 認識および測定において簡素化・除外された項目

IFRS for SMEs では，full IFRS における認識・測定基準に関し，簡素化された項目がいくつかある。そこで，図表5-2 において簡素化・除外された項目を述べる。

図表5-2　IFRS for SMEs における簡素化・除外項目

認識と測定における簡素化項目
- 金融商品の分類を2種類とし，売却可能金融資産と満期保有投資が不採用となった。(full IFRS, IAS 第39号においては，公正価値の変動が損益として認識される金融資産・満期保有投資・貸付金および債券・売却可能金融資産の4種類である。2013年時点においては，IFRS9における2分類が検討されている)
- ヘッジ会計におけるポートフォリオヘッジは除外されている。(full IFRS においては，ポートフォリオヘッジを含んでいる)
- のれんは償却し，通常，耐用年数における償却を行うが，もし，明確に耐用年数がわからない場合は10年とする。(full IFRS においては，のれんの償却を行わず，減損会計を適用する)
- 関連会社に対する投資において，原価法・公正価値法・持分法による方法が認められている。(full IFRS においては，持分法が強制されている)
- 研究開発費は，費用として認識することが強制されている。(full IFRS においては，特定の要件を満たせば資産化される)
- 借入費用は，費用として認識することが強制されている。(full IFRS においては，適格資産の取得・建設または製造を直接の発生原因とする借り入れコストは資産計上する)
- 有形固定資産の残存価額・耐用年数・償却方法は，最終報告日から変更を示す兆候があった場合にのみ，再検討を必要とする。(full IFRS においては，毎期見直しを要請している)
- 従業員給付における保険数理差損益は，一括償却アプローチがとられ，直ちに損益計算書か包括利益計算書に認識される。(full IFRS においては，遅延認識である回廊アプローチ・規則的償却アプローチと即時認識である一括償却アプローチが認められている。しかし，2013年時点においては，遅延認識は廃止され，2013年1月1日以降開始する事業年度から改訂基準を適用することが求められている)
- 確定給付制度において，過大なコストまたは労力なしに情報が得られる場合のみ，予測単位積増方式が適用され，給付債務や関連費用が測定される。(full IFRS においては，予測単位積増方式が強制されている)
- 生物資産において，過大なコストまたは労力なしに公正価値が決定される場合にのみ，公正価値モデルを適用する。そうでない場合，SME は，原価モデルを適用するものとする。(full IFRS においては，信頼性をもって測定できない場合を除いて公正価値モデルを強制している)

除外項目
- 1株当たり利益
- 中間財務報告
- セグメント報告

出所：IASB (2009a); IASB (2009c), About the IFRS for SMEs, IASB (2009h); IASB (2012a) より筆者作成。

3 IFRS for SMEs と full IFRS の会計処理の違い

　IFRS for SMEs は，資産・負債，費用・収益における認識・測定の簡素化を行い，さらに，SME に関連しない項目・開示要求の項目を除外し，full IFRS を縮小する形で策定されている。

　両者の会計処理の違いは，IFRS for SMEs において「公正価値測定に関して簡素化が行われ，取得原価評価が認められている」，「早期費用処理を行う傾向がある」，「簡単な会計処理を認めている」という点から生じているものと考えられる。

　公正価値測定の簡素化の理由として，公正価値測定が SME にとって複雑であり，SME が公正価値測定を行うこと自体が難しい，そもそも SME が公正価値を入手できないという現状や，費用の資産化を行う場合，資産化の要件を満たすかどうかの判断を SME が行うことが困難であるということが考えられる。

　IFRS for SMEs は会計処理の簡素化・除外が行われ，full IFRS より約85％の分量が減らされているが，実際は簡素化よりも除外により分量が減らされている傾向が強いといわれている[11]。これは，「認識・測定における簡素化，除外の可能性についてのスタッフアンケート・各会議における審議事項」の結果からも明らかである[12]。IASB によるスタッフアンケートや円卓会議，作業部会等において，公正価値測定の簡素化，会計処理の簡素化が必要であるとの意見が出されていたにもかかわらず，その後に出された IASB スタッフの推奨，公開草案，IFRS for SMEs 完成版ではこれらの意見が却下され，公正価値測定の簡素化や会計処理の簡素化が最小限に留められている。これは，IASB が IFRS for SMEs における公正価値測定を極力維持し，full IFRS と変わらない会計処理を要請しているためである。

　よって，早期費用処理や会計処理の簡素化を求め，上述のように会計処理の違いは生じてはいるものの，依然として高度な会計知識，会計水準を要請している。

Ⅵ　IFRS for SMEs にみる IASB の戦略

　公開草案におけるフィールドテストでは,「新興経済国と発展途上国における小規模の会社・組織に重点を置く」とし, IFRS for SMEs が新興経済国と発展途上国における SME を主な対象として策定された基準であることがわかるが, IFRS for SMEs 完成版公開時には, あえて新興経済国と発展途上国を主な対象とするという表記はなされていない。

　さらに, 約85％もの分量が full IFRS から削減された基準であるとはいえ, 依然として高度な会計知識を必要とする点や, IFRS for SMEs 完成時において, あえて新興経済国と発展途上国という記載がされなくなった点において, 先進国における中企業（ある程度大きな規模の中小企業）に対しても, IFRS for SMEs を適用させ, 将来的な full IFRS への移行を IASB が念頭に置いていることがうかがえる。

　公開草案公表時においては, IFRS for SMEs と full IFRS が同じ概念フレームワークに基づいて作成されたものであるため, 後に SME が上場した場合に, スムーズに full IFRS に移行できるものであるとしていたが, IFRS for SMEs 完成版公表時においてはこの記載はなく, full IFRS への移行を明確には述べてはいない。しかし, full IFRS と概念フレームワークがほぼ同じであることから, 記載はなくとも, 将来的な full IFRS への移行を念頭に置いていることは明白である。

Ⅶ　IFRS for SMEs における今後の課題

　本章において IFRS for SMEs の内容, 特徴を明らかにし, full IFRS との比較を行った。すでに述べたように, IFRS for SMEs は, 討議資料・公開草案・IFRS for SMEs と各策定段階において, デュープロセスを踏まえながら,

IASBの意向を反映し策定されたものである。

　各策定段階におけるIFRS for SMEs の変更点や各策定段階におけるIASBの意見表明の内容などを追跡すれば，将来的な full IFRS への移行を最終目標とし，新興経済国・発展途上国はもちろんのこと，先進国の中規模企業への適用を視野に入れた基準設定を行おうとしているIASBの戦略的意向をみることができるものであった。

　筆者は，決してこのIFRS for SMEs を通じてのIASBの戦略に乗ることが悪いと主張しているのではない。SMEにおけるコスト・ベネフィットの観点から合理的であるとの判断がなされれば，IFRS for SMEs を適用する選択を積極的に行うべきであると考える。よって，特に新興経済国，発展途上国などの自国のSME向け会計基準が策定されていない国々においては，適用可能性が残されていると考える。しかし，すでに自国のSME向け会計基準を適用している先進国に対しIFRS for SMEs を適用させることは大変困難が予想され，我が国においても同様であると考えるものである。

注

1) IASB（2009e）.
2) IASB（2004b）.
3) 本章における Section とは，IFRS for SMEs における Section のことである。
4) IASBでは，IFRS for SMEs を50人ほどの従業員を雇用する典型的なSMEを対象とした独立型文書であることを意図しているとしている。しかしそれは，定量化されたサイズにより，SMEを規定していくということではない。小規模であっても上場会社は，IFRS for SMEs を使う資格はないとしている。IASB（2009c）.
5) Mackenzie, *et.al.*（2010）, p.2; 河﨑監訳（2011），2頁。
6) Mackenzie, *et.al.*（2010）, p.3; 河﨑監訳（2011），4頁。
7) IASB（2009e）.
8) IASB（2009d）, *Back ground and Tentative Decisions to Date*.
9) IASB（2009d）.
10) ここでの full IFRS の概念フレームワークは，1989年度概念フレームワークをさす。
11) 河﨑（2013a）。
12) 本書第Ⅰ部第4章。

第Ⅱ部

我が国における中小企業会計基準

第6章

「中小企業の会計に関する研究会報告書」の内容と影響

I 中小企業の会計に関する研究会報告書

　我が国において、中小企業の数は全企業数の99.7％[1]を占めている。それにもかかわらず、中小企業の現状に即した適切な会計基準は長年にわたって存在しなかった。そのため、中小企業については、制度会計の基準である商法（現・会社法）基準、証券取引法（現・金融商品取引法）基準、税法基準のうち、商法の枠組みの中で確定決算主義に基づく税法を中心とする会計が行われてきた。

　しかし、中小企業が金融機関等の信頼を得て円滑に資金調達を行い、自社の経営状況を経営者自身が把握するためには、適切な会計基準に基づいた会計・開示を行うことが必要である。この現状を鑑み、2002年には中小企業庁により「中小企業の会計に関する研究会」が設立され、中小企業に適切な会計基準を作成しようという動きが始まることとなった。

　これは後に、中小企業庁、日本税理士会連合会、日本公認会計士協会の歩み寄りと企業会計基準委員会（ASBJ）の参画により策定された我が国における中小企業の会計基準ともいうべき「中小企業の会計に関する指針」の策定へとつながった。

　本章では、中小企業の会計基準策定を巡る最初の動きとして「中小企業の会計に関する研究会」の発足とそこでの検討内容について最初に記述し、次に「中小企業の会計に関する研究会」により報告された「中小企業の会計に関する研究会報告書」の策定経緯を述べることとする。そしてさらに、「中小企業の会計に関する研究会報告書」の内容と、これを受けた日本税理士会連合会および日本公認会計士協会の対応について述べる。

　なお、「中小企業の会計に関する研究会」が開かれ検討されていた2002年当時、商法による会計規定はあったが、その後に改正会社法が制定されるに至った。そこで、本章では、会社法という名称ではなく、2002年の当時にあわせて商法という名称を使用する。また、中小企業庁「中小企業の会計に関

する研究会報告書」は，対象となる会社を中小企業とし，日本税理士会連合会「中小企業会計基準研究会報告書」と日本公認会計士協会「中小会社の会計のあり方に関する研究報告」は，対象となる会社を中小会社としている。本章以降，これに準ずるものとする。

II 中小企業の会計に関する研究会

1 委員構成

2002年，経済産業省中小企業庁に「中小企業の会計に関する研究会」が設置された。この研究会は，図表6-1に示す委員から構成されていた[2]。

図表6-1　中小企業の会計に関する研究会委員等名簿

(敬称略，五十音順)

座長	
小川　英次	(中京大学学長（中小企業政策審議会企業制度部会長))
委員	
植松　　敏	(日本商工会議所専務理事)
上村　達男	(早稲田大学法学部教授)
江頭憲治郎	(東京大学大学院法学政治学研究科教授（中小企業政策審議会委員))
尾崎　安央	(早稲田大学法学部教授)
加古　宜士	(早稲田大学商学部教授)
河﨑　照行	(甲南大学経営学部教授)
古賀　智敏	(神戸大学大学院経営学研究科教授)
品川　芳宣	(筑波大学大学院ビジネス科学研究科教授)
武田　隆二	(大阪学院大学流通科学部教授)
万代　勝信	(一橋大学大学院商学研究科教授)
弥永　真生	(筑波大学大学院ビジネス科学研究科教授)

第Ⅱ部　我が国における中小企業会計基準

専門委員
　荒波　辰也（商工組合中央金庫総合企画部主計室長）
　坂本　孝司（坂本孝司会計事務所税理士）
　佐藤　卓（中小企業診断士）
　城所　弘明（城所公認会計士事務所税理士・公認会計士）
　田島洋一郎（多摩中央信用金庫主任調査役（全国信用金庫協会））
　田辺　剛（みずほ銀行主計部次長）
　坪田　秀治（日本商工会議所産業政策部長）
　中桐　則昭（東京中小企業投資育成株式会社公開支援室長）
　橋本　一美（全国中小企業団体中央会企画部長）
　引馬　滋（CRD運営協議会代表理事）
　平川　忠雄（平川税務会計事務所税理士）
　宮口　定雄（日本税理士会連合会専務理事）
　柳澤　義一（日本公認会計士協会理事）

オブザーバー
　太田洋法務省民事局付
　濱克彦法務省民事局付

経済産業省中小企業庁
　久郷達也事業環境部長
　東良信審議官
　北川慎介事業環境部財務課長
　安楽岡武事業環境部財務課課長補佐
　佐藤孝弘事業環境部財務課調査係長

出所：中小企業庁「中小企業の会計に関する研究会報告書」。

　図表6-1から明らかなように，委員として研究者11名，日本商工会議所専務理事が選任されるとともに，専門委員として日本税理士会連合会専務理事，日本公認会計士協会理事，銀行，商工組合中央金庫関係者，全国中小企業団体中央会企画部長，中小企業診断士，税理士，公認会計士，CRD運営協議会代表理事，東京中小企業投資育成株式会社公開支援室長が選任されてい

る。また，オブザーバーとして法務省民事局付2名，経済産業省中小企業庁からも5名が選出されるなど，中小企業会計に携わる様々な構成委員によって，意見交換が行われた。

2 討議内容

　この中小企業の会計に関する研究会は計7回行われた。各回の議事の内容をまとめたものが図表6-2である。

　計7回の研究会において，商法の公正なる会計慣行に基づく計算書類作成義務と税法における確定決算主義との兼ね合いの検討，計算書類の記帳方法の検討なども行われている。また，中小企業向けの会計基準の重要性と，商法上の小会社を対象にしてこの議論を進めることを述べ，諸外国の中小企業会計に関する調査結果についての説明と検討が行われている。さらに，退職給付会計，金融商品会計，棚卸資産の強制評価減など具体的な会計処理についての検討も行われている。

　その後，第7回の研究会において承認された「中小企業の会計に関する研究会報告書」が，2002年6月28日にプレスリリースされた。

　中小企業庁は「中小企業が，担保や保証に過度に頼らずに資金調達を行い，また，新たな取引先の信頼を確保するためには，財務諸表の質の向上が重要です。こうした観点から，中小企業庁では，平成14（2002）年6月の研究会において，株式公開を当面目指さない商法上の小会社を念頭に『中小企業の会計』をとりまとめました。」とし，この「中小企業の会計に関する研究会報告書」において記されている「中小企業の会計」に準拠した財務諸表作成が，中小企業の発展につながると述べている。

　このプレスリリースでは，「中小企業の会計に関する研究会報告書」において対象となる中小企業の定義を明確にし，さらに中小企業の資金調達に役立ち，信頼性の確保に役立てるために策定されたものであるということが強調された。

第Ⅱ部 我が国における中小企業会計基準

図表 6-2 中小企業の会計に関する研究会

回	開催日	議事の内容
第1回	2002年3月11日	・研究会開催の趣旨説明 ・委員，専門委員からの意見表明 ・中小企業向け会計基準の重要性 ・企業会計基準との関係 ・中小企業会計を考える上での留意点
第2回	2002年3月29日	・諸外国中小企業の会計について ・計算書類のインターネット公開について ・中小企業会計の実態と問題点，負担軽減について ・研究会での議論の対象について ・中小企業の会計のあり方
第3回	2002年4月22日	・事務局による公開企業の会計の動向についての説明 ・日本税理士会連合会・日本公認会計士協会代表による「中小企業の会計のあり方」についてのプレゼンテーション ・専門委員による「中小企業の取引先・債権者の立場から必要な会計情報」についてのプレゼンテーション
第4回	2002年5月10日	・事務局による税務と中小企業の会計についての説明 ・中小企業の会計（各論）の検討
第5回	2002年5月22日	・事務局による中小企業の記帳についての説明 ・中小企業の会計（各論）の検討
第6回	2002年6月7日	・事務局による中小企業の会計についての説明 ・中小企業の会計（総論・各論）の検討
第7回	2002年6月21日	・事務局による中小企業の会計についての説明 ・中小企業の会計（総論・各論）の検討

出所：中小企業庁「中小企業の会計に関する研究会議事要旨（第1回〜第7回）」をもとに筆者作成。

Ⅲ 「中小企業の会計に関する研究会報告書」の内容

1 「中小企業の会計に関する研究会報告書」の構成

中小企業の会計に関する研究会報告書の構成は図表6-3に示すとおりである[3]。

図表6-3 「中小企業の会計に関する研究会報告書」の構成

【はじめに】
【中小企業とその会計を巡る現状と課題】
　Ⅰ．中小企業を巡る現況
　　1．中小企業を巡る環境の構造的変化
　　2．変化への対応
　Ⅱ．中小企業の会計を巡る動向
　　1．中小会社の会計を規制する諸法律の関係
　　2．商法の抜本改正の影響
　　3．公開会社における新会計基準の導入
　　4．税務と企業会計の乖離
　　5．中小企業からみた会計の現状
　Ⅲ．検討にあたって（課題と前提など）
　　1．検討するべき課題
　　2．今回の検討対象とする会社の規模・範囲
　　3．検討に当たっての留意点
　Ⅳ．税務と中小企業の会計について
　　1．確定決算主義について
　　2．税法と企業会計の乖離傾向について
　　3．中小企業の会計と税法との関係について
　Ⅴ．中小企業の会計と記帳について
　Ⅵ．計算書類のインターネット公開について

| 第Ⅱ部 | 我が国における中小企業会計基準 |

    1．制度の概要
    2．インターネット公開の促進へ向けて
  Ⅶ．諸外国の中小企業の会計
    1．イギリスの動向
    2．ドイツの動向
    3．アメリカの動向
    4．その他国際的な動向
    5．概括
  Ⅷ．中小企業の会計のあり方に関して

【中小企業の会計】
  Ⅰ．中小企業の会計（総論）
  Ⅱ．中小企業の会計（各論）
  Ⅲ．記帳
  Ⅳ．計算書類の開示

【参考資料編】
  参考1　中小企業の会計に関する研究会出席者名簿
  参考2　中小企業の会計に関する研究会開催実績
  参考3　企業規模別にみた資産・負債・資本の状況
  参考4　商法・企業会計基準・税法比較表
  参考5　小規模会社に対する財務報告基準2002年6月版
       （Financial Reporting Standard for Smaller Entities）
       （英国会計基準委員会）
  参考6　ドイツ商法典（238条～330条）1996年7月版
  参考7　現金主義又は税法基準による財務諸表の作成・開示の方法
       （Preparing and Reporting on Cash- and Tax-basis Financial Statements）
       （米国公認会計士協会）

出所：中小企業庁「中小企業の会計に関する研究会報告書」。

この報告書には,「中小企業とその会計を巡る現状と課題」と,それを踏まえて「中小企業の会計」が記されている。前向きな中小企業や経営革新に取り組む中小企業が新たな取引先の拡大や資金調達の拡大を図る上で信頼性のある計算書類が有用であること,商法改正で商法上の公告(ディスクロージャー)がインターネット利用によりコスト面からも現実的になってきたこと,また,公開会社に対して証券取引法に基づく新会計基準が相次いで導入されている現状を踏まえ,中小企業への適用をどう考えるべきかが検討されている。そして,望ましい中小企業の会計のあり方を検討している。

　さらに,具体的に「中小企業の会計」を取りまとめるに至った経緯として,Ⅰでは,中小企業を巡る現状,中小企業を巡る環境の変化を,図表などを用いて詳しく説明し,中小企業の資金調達が困難な状況を取り上げている。Ⅱでは,中小企業の会計を規制する諸法律を取り上げ,中小企業の会計の現状を述べている。Ⅲでは,今後検討すべき課題として,成長発展を目指す中小企業が新たな取引先の開拓や資金調達の多様化を目指すためには,適切な計算書類を作成し,それを積極的に開示することが今後いっそう有用となること,経営者の経営方針の決定や経営状態の把握の観点からも計算書類が重要であることを述べている。また,前提として,今回の検討の主たる対象は資本金1億円以下の株式会社(商法上の小会社)で,外部監査が義務づけられておらず,当面の株式公開を念頭に置いていない中小企業を想定していることを述べている。Ⅳでは,税法における中小企業の会計を取り上げ,法人税法における確定決算主義を説明している。Ⅴでは,商法,法人税法両者の記帳について取り上げており,Ⅵでは,インターネット公開の促進に向けての対応を取り上げている。またⅦでは,イギリス,ドイツ,アメリカの中小企業会計の動向が述べられている。Ⅷでは,「中小企業の会計」が変革の時期にあることを述べている。

IV 「中小企業の会計に関する研究会報告書」の影響

1 日本税理士会連合会の対応

　日本税理士会連合会では，中小企業庁における「中小企業の会計に関する研究会報告書」を受け，実務において対応できるようにするための研究機関として「中小会社会計基準研究会」を設置し（図表6-4参照），2002年12月に「中小会社会計基準研究会報告書」を作成した[4]。

　「中小会社会計基準研究会」では，中小企業の会計基準の必要性について，以下のように述べている[5]。

　「2002年の商法改正を受け，中小会社が商法に準拠した会計処理を具体的に行うにあたっては，中小会社に対するニーズの特殊性，下請取引構造の変化，計算書類のインターネットによる公開，電子商取引の進展等に対応が必要である。そのためには，中小会社の経営実態を明らかにし，適時・適切な情報開示を行いつつ，資金調達の多様化や取引先の拡大に対応していくため

図表 6-4 「中小会社会計基準研究会」委員名簿

座　長	品川　芳宣	（筑波大学大学院ビジネス科学研究科教授）
	池　　淳一	（税理士）
	岩下　忠吾	（税理士）
	植田　　卓	（税理士）
	上村　達男	（早稲田大学法学部教授）
	熊谷　眞人	（税理士）
	小池　正明	（税理士）
	古賀　智敏	（神戸大学大学院経営学研究科教授）
	杉田　宗久	（税理士）
	宮口　定雄	（税理士）
	弥永　真生	（筑波大学大学院ビジネス科学研究科教授）
	山田　俊一	（税理士）

出所：日本税理士会連合会「中小会社会計基準研究会報告書」。

の具体的な会計基準を設定することが必要である。」としている。

さらに，中小会社会計基準の実務対応部分を「運用指針」とし，税理士が遵守することを求めている。

2 日本公認会計士協会の対応

中小企業庁における「中小企業の会計に関する研究会報告書」とほぼ同時期に，日本公認会計士協会は「中小会社の会計のあり方に関する研究報告（経過報告）[6]」を公表した。これは2002年の商法改正により電磁的開示が認められることとなり，統一された会計基準の必要性が出てきたため策定されたものである。この研究報告では「会計基準は会社の規模に関係なく一つである」としている。

その後の「中小会社の会計のあり方に関する研究報告（最終報告）[7]」では，「Ⅰ 中小会社の会計のあり方について」において中小会社の範囲や特性および包括的な結論等をまとめ，「Ⅱ 個別項目の会計処理」において個別の勘定科目や取引に関する会計処理の方法等についてまとめ，「Ⅲ 参考資料」においては，中小会社の計算書類のディスクロージャーを充実させる目的で，各種開示関係書類の記載例やひな型を掲載している。

Ⅴ 中小企業の会計に関する研究会報告書策定後の課題

本章では，我が国における中小企業の会計基準ともいうべき「中小企業の会計に関する指針」策定へとつながった最初の動きである，中小企業庁による「中小企業の会計に関する研究会」の発足，「中小企業の会計に関する研究会報告書」の内容，およびこの報告書の策定経緯を述べた。

この報告書では，中小企業についての明確な定義が示されている。基本的には商法における小会社を対象としており，将来上場を目指す会社を対象外としている。つまり，従業員数等による企業規模のみにおける対象分類では

なく，資本金と将来の上場可能性の有無が判断の基準となっている。

　この段階では，主に納税のために税法による処理を適用している中小企業に対し，会計基準に準拠した財務諸表の重要性を改めて認識させるため，このような動きが生じたものと考えられる。

　つまり，経営者が企業の業績を把握せず，納税のみを目的とする消極的な中小企業経営の財務諸表の作成状況が，日本経済の衰退を助長させることとなったという考えがその根底にあったのではないだろうか。

　中小企業の経営者における経営状態の把握，銀行等融資の円滑化に役立てるという目的を掲げたこの報告書は，単なる中小企業の会計基準というだけではなく，中小企業の経営や発展を助け，中小企業の地位の向上，ひいては日本の経済の発展につながるものと期待して策定されたのではないかと考えられる。

　バブル経済破綻以降，我が国では，経営者の不動産等を担保とする融資に限界が生じてきている。このような中で，不動産を担保とせず融資を受ける場合に財務諸表の信頼性を高め，また中小企業が適用しやすい会計基準の重要性を認識し，このような動きがあったものと考えられる。

　日本税理士会連合会は，「中小会社会計基準研究会」を設置し，中小企業の経営に即した具体的な会計基準を設定する必要性を認識している。また，日本公認会計士協会においても「中小会社の会計のあり方に関する研究報告」を出し，中小会社の特性を考慮した会計基準や会計処理の必要性を唱えている。

　しかし，この3者における中小企業の会計基準には，具体的な会計処理の違いが多々あり，どの会計処理を優先するのか，どの目的を優先するのかという混乱が生じることは必須であり，結局のところは，納税目的における財務諸表作成に戻ることも考えられる。この「中小企業の会計に関する研究会報告書」における会計基準を適用するには，かなりの実務上の混乱が予想されるものであった。そこで，さらなるステップとして，この3者の会計処理の違いを踏まえた上で，3者の歩み寄りによる「中小企業の会計に関する指

針」策定へとつながることになったと考えられる。

注

1) 中小企業庁「中小企業白書（2013年版）」。
2) 中小企業庁「中小企業の会計に関する研究会報告書」。
3) 中小企業庁「中小企業の会計に関する研究会報告書」。
4) 日本税理士会連合会「中小会社会計基準研究会報告書」。
5) 日本税理士会連合会「中小会社会計基準研究会報告書」。
6) 日本公認会計士協会「中小会社の会計のあり方に関する研究報告（経過報告）」。
7) 日本公認会計士協会「中小会社の会計のあり方に関する研究報告（最終報告）要約版」。

第7章

中小企業の会計を巡る3つの研究報告書

第Ⅱ部　我が国における中小企業会計基準

Ⅰ　中小企業の会計を巡る3研究報告書

　2002年，中小企業庁は「中小企業の会計に関する研究会」を設置し，「中小企業の会計に関する研究会報告書」（本章において以下，中小企業庁報告書とする）を2002年6月28日に公表した[1]。これには，中小企業の経営状態に即した会計処理の規定が細かく示されている。

　また，これを受けた実務家の動きとして，日本税理士会連合会が，2002年12月19日に「中小会社会計基準研究会報告書」（本章において以下，税理士会報告書とする）を公表し[2]，日本公認会計士協会は「中小会社の会計のあり方に関する研究報告」（本章において以下，会計士協会報告書とする）を，2003年6月2日に公表している[3]。

　本章では，中小企業庁報告書，税理士会報告書，会計士協会報告書の3つの研究報告書において提示されている会計処理の比較を行う。

Ⅱ　3つの研究報告書における会計処理

1　中小企業庁報告書の構成

　中小企業庁報告書は，「中小企業の会計」を論じるにあたり，図表7-1のような構成をとっている。

図表 7-1　中小企業庁「中小企業の会計に関する研究会報告書」における
　　　　　「中小企業の会計」の構成[4]

```
Ⅰ．中小企業の会計（総論）
    目的
    対象となる会社
    判断の枠組み

Ⅱ．中小企業の会計（各論）
    中小企業の計算書類作成の基本的考え方
    会計方針の変更
    金銭債権
    貸倒引当金
    有価証券
    棚卸資産
    固定資産
    繰延資産
    引当金
    退職給与引当金・退職給付債務
    リース取引
    費用・収益の計上
    経過勘定項目
    税効果会計
    キャッシュフロー計算書
    注記事項
Ⅲ．記帳
Ⅳ．計算書類の開示
```

出所：中小企業庁「中小企業の会計に関する研究会報告書」。

　以下においては，この構成に従い，3つの研究報告書における会計処理を述べることとする。

2 目的

①中小企業庁報告書

中小企業庁報告書は，資金調達先の多様化や取引先の拡大を目指す中小企業にとって，信頼を得るための望ましい会計のあり方を明らかにすることを検討の目的としている。

②税理士会報告書

税理士会報告書は，中小会社の経営実態を明らかにし，かつ，債権者や取引先をはじめとする計算書類の利用者にとって必要十分な情報開示を行うことを目的としている。さらに，商法上の計算書類を作成するに際して準拠すべき事項を定めることを目的としている。

③会計士協会報告書

会計士協会報告書は，多種多様な実務が混在しているため中小会社の会計処理が統一されていない現状や，商法改正により，インターネットを利用した計算書類の公開が認められるようになったことをうけ，改めて中小会社の会計のあり方を明確にする必要性があるとしている。

3 対象となる会社

①中小企業庁報告書

対象となる会社を，商法特例法上の小会社（資本金の額が1億円以下の株式会社）で株式の公開を当面目指していない会社としている。

②税理士会報告書

対象となる会社を，証券取引法および株式会社の監査等に関する商法の特例に関する法律第2条の適用を受ける会社以外の株式会社としている。

③会計士協会報告書

対象となる会社を，商法上の中会社，小会社としている。みなし大会社等，会計監査を受ける会社が一般に公正妥当と認められる企業会計の基準に準拠している場合には対象外とするとしている。

4 判断の枠組み

①中小企業庁報告書

　中小企業の会計を考えるにあたり基本となる考え方を「判断の枠組み」とし，下記の項目を掲げている。

- 債権者や取引先に有用な情報を提供し，経営者に理解しやすく過重負担にならないこと。
- 実務に配慮したものであること。
- 会計処理の方法について，会社の環境や業態に応じた，選択の幅を有するものであること。
- 簡便な方法で代替可能な場合，その選択が認められること。

②税理士会報告書

　判断の枠組みとして，中小会社が自らの事業の特殊性や会計処理能力を踏まえ，下請取引構造の変化，計算書類のインターネットによる公開，電子商取引の進展等に対応する必要性を考慮することとしている。

　さらに，中小会社が経営状態を明らかにし，適時適切な情報開示を行いつつ，資金調達の多様化や取引先の拡大に対応していくための具体的な会計基準を設定する必要性をあげている。

③会計士協会報告書

　中小会社の特徴として，中小会社の株主や債権者等の利害関係者が固定的で少なく閉鎖的であること，経営と所有の分離が行われておらず，事務能力には限界があり内部統制も整備されていないこと，計算書類については課税所得計算の必要性から税法基準に基づいて作成されていることを指摘し，考慮すべきであるとしている。

5 中小企業の計算書類作成の基本的考え方

①中小企業庁報告書

　中小企業の計算書類は，会社債権者や取引先をはじめとする計算書類の利用者にとって必要十分な程度に，会社の財政状態および経営成績について真

実の概観を示すものでなければならないとしている。

②税理士会報告書

中小会社の計算書類は，配当可能利益を適正に表示するとともに，その経営に資するために必要な情報を提供し，会社債権者や取引先をはじめとする計算書類の利用者にとって必要十分な程度に，当該会社の財政状態および経営成績を的確に示すものでなければならないとしている。

③会計士協会報告書

中小会社特有の会計基準を別個に策定するのではなく，「会社の規模に関係なく会計基準は1つであるべきである」としている。

税法基準と中小会社の会計基準との関係については，税法基準はあくまでも課税所得算定のための計算規定であって，会社の経営成績および財政状態を適切に表示するための会計基準としての規範にはなり得ないとしている。しかし，中小会社の会計基準に明文規定がなく，法人税法の規定があるものや，法人税法の定める計算方法を用いても会計基準の趣旨に反しないものについては，税法基準を用いることを容認している。

商法と中小会社の会計基準との関係について，商法第32条第2項では「公正なる会計慣行を斟酌すべし」としていることから，中小会社の場合であっても一般に公正妥当と認められる企業会計の基準に準拠すべきであるが，中小会社の特性を鑑み配慮する必要があるとしている。

6 会計方針の変更

①中小企業庁報告書

会計方針を変更する場合，その変更によって会社の財産および損益の状況をより正確に表示することを目的としていなければならないとしている。企業会計原則の「継続性の原則」と，この「会計方針の変更」については，商法においても同様の意向であると考えられる。

商法には，「継続性の原則」について明文の規定はないものの，配当可能金額の操作を目的とした会計方針の変更は認められていない。計算書類作成の

恣意性を排除する観点から，それ以外の会計方針の変更も基本的には望ましくないとしているところから，「継続性の原則」と同趣旨であると考えられる。

②税理士会報告書
　複数の会計処理の方法が存する場合，適正な利益計算が行われるよう適切に選択することとし，会計方針の変更は会社の財産および損益の状況をより正確に表示するためのもの等，合理的な理由がなければ行うことができないこととしている。

③会計士協会報告書
　会計方針の変更について言及していない。

7 金銭債権

①中小企業庁報告書
　金銭債権の評価について，原則として債権金額を付すとし，「市場価格のある金銭債権」については，時価で評価することを認めている。デリバティブ取引により生じる正味の債権および債務については時価で評価するか，専らリスクヘッジを目的とするものについては，ヘッジ対象とデリバティブを一体で評価するとしている。

②税理士会報告書
　金銭債権にはその債権金額を付さなければならないとし，債権金額より高い代金で買い入れたときは相当の増額を，また債権金額より低い代金で買い入れ，相当の理由がある場合には，相当の減額をすることができるとしている。

　市場価格のある金銭債権については，時価で評価することができるとし，デリバティブ取引により生じる正味の債権および債務については時価で評価するが，専らリスクヘッジを目的とするものについては，ヘッジ対象とデリバティブを一体で評価するとしている。

③会計士協会報告書

原則的には「金融商品に係る会計基準」の会計処理を要請しているものと解される。金銭債権について，債権金額と取得価額との差額に重要性がない場合には償却原価法を採用しないことができるとしている。

8 貸倒引当金

①中小企業庁報告書

貸倒引当金（取立不能見込額）の算定方法については，商法上詳細な定めがなく，商法の解釈では，原則として個々の金銭債権につき算定することとしており，中小企業庁報告書においても同様の会計処理を要請している。

この算定方法については，税法の詳細な規定を参考にしつつ，商法の規定の枠組みの中で算定方法を選択することも認められている。

さらに，「金融商品に係る会計基準」に規定する算定方法を採用することも認められている。

②税理士会報告書

貸倒引当金については，法的に債権が消滅した場合のほか，回収不能な債権について，その金額を債権金額から控除しなければならないとしている。

貸倒懸念の事由が生じている金銭債権は，その取立不能見込額を貸倒引当金として控除しなければならないとし，その他の金銭債権は，過去の貸倒実績率等に基づき取立不能見込額を一括して計算し，これを貸倒引当金として控除することができるとしている[5]。

③会計士協会報告書

金銭債権に対する貸倒引当金に対し，原則として「金融商品に係る会計基準」および「金融商品会計に関する実務指針」による会計処理を要請しているものと解される。

一般債権（法人税法上の一括債権）の貸倒引当金計上方法については，法人税法が規定する貸倒引当金の繰入限度額が明らかに不足する場合を除き，法人税法上の取扱を参考にすることを認めている。

9 有価証券

①中小企業庁報告書

　有価証券の評価について，原価法の採用を認めており，市場価格のある有価証券については原価法，低価法または時価評価の採用を認めている。

　原価法を採用した場合，有価証券の時価が取得原価より著しく低いときは，将来回復の見込みがある場合を除いて，時価で評価しなければならないとしており，強制評価減の実施を要請している。

②税理士会報告書

　有価証券の取得価額は，原則として取得代価および取得に要した費用の合計額とし，有価証券は，移動平均法または総平均法による原価法で評価することとしている。

　例外として，市場価格のある有価証券を時価で評価することができるとしているが，子会社株式は，取得価額で評価しなければならない。

　また市場価格のない有価証券については，その発行会社の資産状態が著しく悪化したときは相当の減額をしなければならず，原価法を採用した場合において有価証券の時価が取得価額より著しく低いときは，将来回復の見込みがあると認められる場合を除き，時価で評価しなければならないとしている。

　売買目的有価証券は，時価で評価しなければならない。

③会計士協会報告書

　売買目的有価証券の処理として，原則的に時価評価が要請されていると解される。

　しかし，その他有価証券の期末評価において，評価差額の金額に重要性がない場合には，時価評価は不要とすること，および，有価証券の減損処理において著しく下落したかどうかの判定においては法人税法の取り扱いを適用することができるとしている。

10 固定資産

①中小企業庁報告書

固定資産の減価償却は，定率法，定額法等の規則的な方法を用いる必要があるとしている。また，実務を考慮し，重要性の見地から，減価償却資産のうち，少額のものについては費用処理することが許されている。

また，予測できなかった著しい資産価値の下落があった場合には，減損額を控除しなければならないとしている。

②税理士会報告書

固定資産の取得価額を，購入代価または製造費用，その資産を事業の用に供するために直接要した費用等の合計額とし，減価償却資産のうち，取得価額が少額のものについては，その取得した営業年度において費用処理することができるとしている。

減価償却資産の減価償却は，定率法，定額法その他の方法に従い，毎期継続して，規則的な償却を行うこととし，減価償却資産の耐用年数は，各資産の性質・用途に応じて会社が決定し，継続して適用することとしている。

固定資産について，予測できなかった機能低下および物理的減損により資産価値が下落した場合または市場価格の下落により資産価値が著しく低下した場合には，帳簿価額と時価との差額について減損額を控除しなければならないとしている。

③会計士協会報告書

中小会社に対し，法人税法による償却限度額を減価償却費として計上することを会計上妥当として認めている。

圧縮記帳については会計基準上，すでに法人税法との整合性を考慮した処理が規定されているため，中小会社においても特に簡便な方法を認める必要はないとしている。

租税特別措置法による特別償却については，特別償却額を減価償却費として処理することができるとし，割増償却については，合理的であるかぎり，正規の減価償却として処理することができるとしている。

11 繰延資産

①中小企業庁報告書

　商法は，創立費，開業準備費，試験研究費・開発費，新株発行費，社債発行費，社債発行差金および建設利息の7項目の繰延資産の計上を認めている。これを踏まえ，中小企業庁報告書においてもこの7項目を繰延資産として計上することができるとしている。また，いわゆる「税法上の繰延資産」[6]については，長期前払費用として計上することが妥当とされている。

②税理士会報告書

　創立費，開業準備費，試験研究費・開発費，新株発行費，社債発行費，社債発行差金および建設利息を，繰延資産として計上することができるとしている。

　繰延資産は，毎決算期において，商法に規定する年数以内の期間をもって均等額以上の償却をしなければならないとし，前述の繰延資産以外のもので法人税法に定められた繰延資産は，長期前払費用等として計上することができるとしている。

　また，長期前払費用等を計上したときは，支出の効果が及ぶ期間に応じて償却しなければならないとし，繰延資産のうち支出の対象となった資産について，価値が著しく下落した場合は，減損額を控除しなければならないとしている。

③会計士協会報告書

　繰延資産について言及していない。

12 退職給与引当金・退職給付債務

①中小企業庁報告書

　退職給付債務について，会社が採用する退職給付制度に応じ，それぞれ異なった処理が求められている。

　債務性のある引当金としては，就業規則等の定めに基づく内部積立の退職一時金，厚生年金基金，適格退職年金，確定給付企業年金等，将来の追加拠

出が見込まれる退職給付制度を採用している会社での退職給与引当金が考えられる。これは、従業員との関係で法的債務を負っていることになるため、当然、引当金の計上が必要である。

中小企業退職金共済制度、特定退職金共済制度、確定拠出型年金等の、追加拠出が生じない制度を採用している会社は、毎期の掛金を拠出することで企業としての義務を果たしているという考えから、毎期の掛金を費用として処理することが妥当であるとしている。

退職規定がなく、退職金等の支払いに関する合意も存在しない会社においては、将来の退職金支払いの可能性が高く、設定金額の見積もりを合理的に行うことができ、かつ重要性の高いものに対し、引当金を計上することとしている。

②**税理士会報告書**

退職給与引当金について、内部積立の退職一時金、厚生年金基金、適格退職年金、確定給付企業年金等、将来の追加拠出の可能性がある退職給付制度を採用している会社については、当該事業年度の自己都合等による期末要支給額のうち、将来の在職年数等を考慮した現在価値と考えられる金額から年金資産を控除した残額を、負債に計上することとしている。また、退職規定がなく、退職金等の支払いに関する合意も存在しない会社において、将来の退職金支払いの可能性が高く、設定金額の見積もりを合理的に行うことができ、かつ重要性の高いものについては、退職給与引当金を計上するとしている。

しかし、中小企業退職金共済制度、特定退職金共済制度、確定拠出型年金等、追加拠出が生じない制度を採用している会社については、毎期に支払うべき掛金を費用処理する。

③**会計士協会報告書**

退職給付引当金について、「退職給付に係る会計基準」および「退職給付会計に関する実務指針」による会計処理が原則であると解されるが、実務指針では、小規模企業等（従業員300人未満等）に対する簡便法の適用を認めて

13 税効果会計

①中小企業庁報告書

　中小企業の場合，税法に準拠して財務諸表を作成しているケースが多く，一時差異自体が小さいことが多い。

　また，中小企業は経営の変動の幅が相対的に大きく，繰延税金資産の回収の確実性を認識できない場合が多いため，税効果会計を採用すること自体が難しい場合もあり，その採用を義務とするには至らないとしている。

　そこで，中小企業庁報告書では，税効果会計は，会社の状況に応じて，金融機関や取引先との関係も踏まえた上で，必要な場合には採用するとし，強制していない。

②税理士会報告書

　税効果会計について，一時差異が小さい場合等の重要性が低い場合，税効果会計を採用する必要はなく，また繰越欠損金等に関する繰延税金資産の回収の確実性が疑問視される場合には，繰延税金資産を計上しないこととするとしている。会計処理上，重要性のある場合には，税効果会計を採用することとしている。

③会計士協会報告書

　原則として税効果会計を適用するが，一時差異に重要性がない場合は税効果会計を適用する必要はないとしている。また，中小会社については税効果会計に関する注記を省略できるとしている。

Ⅲ 中小企業庁報告書で言及されていない会計処理

　中小企業庁報告書において，下記①-④の項目のようにあえて言及していない会計処理がある。

①外貨建取引・外貨建資産等の換算
②ソフトウェア
③後発事象
④中間決算

　これらは，中小企業の会計実務において金額が大きくない取引である。また中小企業ではあまり起こらない取引であるなど，重要性が乏しい項目であると考えられる。

　以下では，これらの会計処理について，税理士会報告書と会計士協会報告書がどのように取り扱っているかについて述べる。

1 外貨建取引・外貨建資産等の換算

①中小企業庁報告書

　外貨建取引・外貨建資産等の換算について言及していない。

②税理士会報告書

　外貨建取引について，その金額の円換算額は，その外貨建取引を行ったときにおける外国為替の売買相場により換算した金額とすることとしている。

　外貨建債権および外貨建債務については，発生時換算法または期末時換算法によることとし，ただし，その保有期間が1年未満のものについては，期末時換算法によるとしている。外貨建有価証券のうち，売買目的有価証券については期末時換算法により，それ以外の有価証券については発生時換算法または期末時換算法によるとしている。さらに外貨預金については，発生時換算法または期末時換算法によることとし，ただし，その満期が1年未満のものについては期末時換算法によるとしている。また外国通貨については期末時換算法によるとしている。

③会計士協会報告書

　外貨建取引について，原則として「外貨建取引等会計処理基準」による会計処理を要請していると解されるが，明らかに重要な差額が生ずる場合を除いて，法人税法の規定による会計処理を行うことも認められている。

2 ソフトウェア

①中小企業庁報告書
　ソフトウェアについて言及していない。

②税理士会報告書
　ソフトウェアについて言及していない。

③会計士協会報告書
　ソフトウェアについて、原則として「研究開発等に係る会計基準」および「研究開発費及びソフトウェアの会計処理に関する実務指針」による会計処理が要請されていると解されるが、見込み販売数量の算定が難しい場合には、法人税法の規定による計算を利用することも認められている。

3 後発事象

①中小企業庁報告書
　後発事象について言及していない。

②税理士会報告書
　後発事象について言及していない。

③会計士協会報告書
　修正後発事象のうち重要性のあるものについては、計算書類の修正があるとしている。

4 中間決算

①中小企業庁報告書
　中間決算について言及していない。

②税理士会報告書
　中間決算について言及していない。

③会計士協会報告書
　中間決算について言及していない。

IV 統一された中小企業の会計基準策定へ

　中小企業庁報告書，税理士会報告書，会計士協会報告書の3つの報告書には，会計処理の違いが多くみられた。

　税理士会報告書の「中小企業の計算書類作成の基本的考え方」にみられる税法規定重視の意向は，税理士の業務内容を鑑みれば当然のことである。

　また，会計士協会報告書の「金銭債権等の評価額」，「有価証券」，「貸倒引当金」にみられる金融商品取引法による会計処理を優先する意向も，公認会計士の業務対象を鑑みれば当然のことであると考える。

　「退職給与引当金」については，中小企業ではこれらの取引金額が少なく，取引自体の数が少ないという判断から，中小企業庁報告書では，「退職給与引当金」については独自の方法の提示を行っているものと推測される。この違いは，税理士と公認会計士の業務対象の違い，および税法重視か金融商品取引法重視かという意向の違いから生じるものであると考えられる。

　この3つの研究報告書の会計処理の違いは，中小企業会計における実務上の混乱を招くこととなった。

　そこで，中小企業庁報告書，税理士会報告書，会計士協会報告書を統合する必要性が生じることとなったのである。さらに，後に制定された会社法第374条の規定により会計参与制度が導入され，会計参与が取締役と共同して計算書類を作成することが望ましいと考えられるようになった。

　このように，中小企業の経理の健全性を図る必要性が出てきたことにより，統一された中小企業の会計基準が必要となり，2005年の「中小企業の会計に関する指針」[7]の策定に拍車をかけることとなるのである。

　その意味で，本章において取り上げたこの3つの研究報告書における会計処理の違いは，後の統一された中小企業の会計基準策定の動きにおいても重要な意味をもつと考えるものである。

注

1) 中小企業庁「中小企業の会計に関する研究会報告書」。
2) 日本税理士会連合会「中小会社会計基準研究会報告書」。
3) 日本公認会計士協会「中小会社の会計のあり方に関する研究報告(最終報告)要約版」。
4) 中小企業庁「中小企業の会計に関する研究会報告書」。
5) 法人税法第52条第2項。
6) 法人税法施行令第14条。
7) 日本税理士会連合会,日本公認会計士協会,日本商工会議所,企業会計基準委員会「中小企業の会計に関する指針」。

第 8 章

「中小会計指針」の策定

第Ⅱ部　我が国における中小企業会計基準

Ⅰ 「中小企業の会計に関する指針」策定の背景

　2005年8月，日本税理士会連合会，日本公認会計士協会，日本商工会議所および企業会計基準委員会において「中小企業の会計に関する指針（以下，中小会計指針とする[1]）」が公表された。

　この「中小会計指針」は，中小企業庁の「中小企業の会計に関する研究会報告書」（2002年年6月），日本税理士会連合会の「中小会社会計基準研究会報告書」（2002年12月），日本公認会計士協会の「中小会社の会計のあり方に関する研究報告」（2003年6月）と3つの報告書が存在することから，中小企業会計の実務において混乱が生じている状況を改善すべく策定されたものである。この「中小会計指針」は3つの報告書を統合する形で策定され，毎年改訂を繰り返している。

　そこで，本章において，「中小会計指針」の策定経緯，具体的な会計処理を説明し，どのような会計基準であるのかを明らかにする。

　その上で，「中小会計指針」の主な特徴を明らかにし3つの報告書からどのような影響を受け，統合されたのかを明らかにする。

Ⅱ 中小企業の会計の統合に向けた検討委員会の設置[2]

　2005年3月23日，日本公認会計士協会・日本税理士会連合会・日本商工会議所・企業会計基準委員会は，中小企業の会計の統合に向けた検討委員会の設置をプレスリリースした。委員会のメンバーは図表8-1のとおりである。

図表 8-1 「中小企業の会計」の統合に向けた検討委員会委員 メンバー[3]

委員長		
安藤　英義	一橋大学大学院商学研究科教授	
弥永　真生	筑波大学大学院ビジネス科学研究科教授	
藤沼　亜起	日本公認会計士協会会長	
森　金次郎	日本税理士会連合会会長	
篠原　徹	日本商工会議所常務理事	
斎藤　静樹	企業会計基準委員会委員長	
オブザーバー		
相澤　哲	法務省民事局参事官	
池田　唯一	金融庁総務企画局企業開示参事官	
平井　裕秀	中小企業庁事業環境部財務課長	

出所：日本税理士会連合会，日本公認会計士協会，日本商工会議所，企業会計基準委員会「『中小企業の会計』の統合に向けた検討委員会」。

　中小企業の会計の統合に向けた検討委員会設置の理由として，中小企業の資金調達の多様化，取引の円滑化のため中小企業の正確な計算書類の作成と開示が求められているなど中小企業を取り巻く環境の変遷や，2002年の商法の改正により中小企業にもインターネットによる計算書類の公開が認められ，さらに中小会社の会計のあり方が問われることとなったことをあげている。

　メンバーは，関係団体代表者に加え，研究者が委員として審議に参加し，関係省庁である中小企業庁，金融庁，法務省がオブザーバーとして参加している。

　この検討会における留意すべき事項として，「新たな会計基準の設定ではなく3者の会計基準の統合を目的としていること」，また，「会計参与を設置しない会社においても，統合化された指針の適用が期待されること」などが述べられている。

第Ⅱ部　我が国における中小企業会計基準

Ⅲ 「中小会計指針」の公表[4]

1 「中小会計指針」の公表の背景

(1) 実務の混乱

　中小企業庁は「中小企業の会計に関する研究会報告書」において，中小企業が行うべき会計指針を打ち出し，これに呼応して，日本税理士会連合会は「中小会社会計基準研究会報告書」，日本公認会計士協会は「中小会社の会計のあり方に関する研究報告」をそれぞれ公表した。しかし，これらはそれぞれ会計処理が異なり，実務においてさまざまな支障が生じる原因となったのである。この支障により，「中小企業の会計に関する研究会報告書」の目的である「資金調達先の多様化や取引先の拡大を目指す中小企業が，商法上の計算書類を作成するに際して準拠することが望ましい会計のあり方を明らかにし，中小企業の資金調達に役立てること」が，損なわれかねない事態となった。そこで統合する必要性が生じることとなったのである。

(2) 会計参与の存在

　会社法第374条において会計参与制度が導入され，会計参与が取締役と共同して計算書類を作成することが望ましいと考えられるようになり，指針において中小企業の会計の健全が図られることとなった。

　中小企業は，一般的に内部統制が欠如しており，経理の専門家も少なく，経営者の恣意的な判断が介入しやすく，不健全な経理が行われる可能性が大会社に比べ高くなると考えられる。これにより，金融機関などから信頼されにくく，融資などを円滑に受けることができない現状がある。そこで，中小企業の計算書類の信頼性を高めるために，会社法により会計参与の導入が規定されることとなったのである。

　会計参与の資格については，会社法第333条第1項において，「公認会計士もしくは監査法人，または税理士もしくは税理士法人でなければならない」

とし，会計の専門家を投入することを必要としている。また，会社法第333条第3項第1号において，「当該株式会社またはその子会社の取締役・監査役・会計監査人または支配人その他の使用人を兼ねることはできない」とし，会計参与の独立性を確保している。

会計参与の義務は，会社法第375条第1項における，「その職務を行うに際して取締役の職務の執行に関し，不正の行為または法令もしくは定款に違反する重大な事実があることを発見したときは，遅滞無くこれを株主（監査役設置会社にあっては，監査役）に報告しなければならない」である。

さらに，会社法第376条第1項において，計算書類等承認の取締役会への出席義務なども規定されている。

また，「会計監査人は決算終了後計算書類を試査し監査するが，会計参与は，計算書類を作成する過程に立ち入って法令遵守を行い，計算書類の信頼性を得るために役割を担う」という職務の違いがあげられる[5]。

(3) 電磁的開示の要求

インターネットなどにおける情報社会に即して，会社法第939条第1項第3号においても電磁的方法における記録・開示が求められるようになった。これにより，中小企業においても公開される財務内容の質の充実が求められるようになったのである。

2 「中小会計指針」の公表[6]

2005年8月3日，日本税理士会連合会，日本公認会計士協会，日本商工会議所および企業会計基準委員会において，「『中小会計指針』の公表について」がプレスリリースされた。ここでは，中小企業の会計処理について，中小企業庁の「中小企業の会計に関する研究会報告書」（2002年6月），日本税理士会連合会の「中小会社会計基準研究会報告書」（2002年12月），日本公認会計士協会の「中小会社の会計のあり方に関する研究報告」（2003年6月）の3つの報告等が存在することから，混乱が生じている現状があげられてい

る。また，会社法における会計参与制度の導入が提案されたことから，会計参与が拠るべき統一的な会計処理の指針が必要であることが述べられている。中小企業庁において「中小企業の会計の統合に向けた検討委員会」を設置し，その後2005年6月13日に，一応の検討結果を公開草案として公表し，2005年8月1日開催の検討委員会において，「中小会計指針」を確定し，公表に至っている。

Ⅳ 「中小会計指針」の内容[7]

1 「中小会計指針」の構成

2005年8月1日に公表された「中小会計指針」は図表8-2のような構成をとっている。

図表8-2 「中小会計指針」の構成

【総論】
　目的
　対象
　本指針の作成に当たっての方針
　本指針の記載範囲及び適用に当たっての留意事項
【各論】
　金銭債権
　貸倒損失・貸倒引当金
　有価証券
　棚卸資産
　経過勘定等

- 固定資産
- 金銭債務
- 引当金
- 退職給付債務・退職給付引当金
- 税金費用・税金債務
- 税効果会計
- 資本・剰余金
- 収益・費用の計上
- 外貨建取引等
- 計算書類の注記
- 後発事象
- 決算公告と貸借対照表及び損益計算書の例示

出所：日本税理士会連合会，日本公認会計士協会，日本商工会議所，企業会計基準委員会「中小企業の会計に関する指針」。

2 「中小会計指針」の目的

「中小会計指針」の目的について以下のように述べられている。

「株式会社は，商法により，計算書類の作成が義務づけられており，「中小会計指針」は，中小企業が，計算書類の作成に当たり，拠ることが望ましい会計処理や注記等を示すものである。」としている。さらに，会計参与設置会社が計算書類を作成する際には，「中小会計指針」に拠ることが適当であるとしている。このため，この「中小会計指針」は，一定の水準を保ったものとなっている。

株式会社は，商法により，計算書類の作成が義務づけられており，商法第32条第2項では「公正ナル会計慣行ヲ斟酌スベシ」とされている。この「公正ナル会計慣行」の中の1つとして，「一般に公正妥当と認められる企業会計の基準」がある。「中小会計指針」は，この「一般に公正妥当と認められる企業会計の基準」の中の1つとして作成されたものである。

3 「中小会計指針」の対象

「中小会計指針」の対象は以下のように規定されている。

適用対象となる会社を中小企業とし，「証券取引法の適用を受ける会社並びにその子会社及び関連会社」，「商法特例法上の大会社（みなし大会社を含む）及びその子会社」を除く株式会社としている。

また，有限会社，合名会社または合資会社についても，計算書類を作成するにあたり，この指針に拠ることが推奨されている。

ここでは，対象となる会社の範囲として中会社を含んでいる。日本税理士会連合会「中小会社会計基準研究会報告書」，日本公認会計士協会「中小会社の会計のあり方に関する研究報告」では対象となる会社の範囲として中会社を含めており，範囲が広い。これを考慮し，「中小会計指針」においても，中会社を含むものとなったと考えられる。

4 「中小会計指針」の本指針の作成にあたっての方針

「中小会計指針」では，作成にあたっての方針について以下のように述べられている。

「中小会計指針」では基本的な考え方として，「会社の規模に関係なく，取引の経済実態が同じなら会計処理も同じになるべきである。しかし，専ら中小企業のための規範として活用するため，コスト・ベネフィットの観点から，会計処理の簡便化や法人税法で規定する処理の適用が，一定の場合には認められる。」としている。日本公認会計士協会「中小会社の会計のあり方に関する研究報告」は，会計基準は1つであるとしており，また中小企業庁の「中小企業の会計に関する研究会報告書」の概念においては，中小企業の特殊性を考慮した簡便的な方法も認めるとしている。このことから，両者の考えが考慮されたものと考えられる。

また，法人税法で定める処理を会計処理として適用できる場合を2つ述べている。「会計基準がなく，かつ，法人税法で定める処理に拠った結果が，経済実態をおおむね適正に表していると認められるとき」と，「会計基準は存

在するものの，法人税法で定める処理に拠った場合と重要な差異がないと見込まれるとき」である。「中小会計指針」において法人税法による処理を認めているのは，日本税理士会連合会「中小会社会計基準研究会報告書」の中で，税法規定を積極的に用いることとしていることから，これを考慮したものであると考えられる。しかし，税法基準を用いる場合の制限がかけられ，あくまでも日本公認会計士協会「中小会社の会計のあり方に関する研究報告」の，会計基準は1つであるというシングルスタンダードの考えが根底にあると考えられる。

5 「中小会計指針」の本指針の記載範囲および適用にあたっての留意事項

「中小会計指針」の記載範囲および適用にあたっての留意事項を述べると以下のようになる。

この指針では特に中小企業において必要と考えられるものについて，重点的に言及している。よって，ここで記載のない項目の会計処理を行うにあたっては，「本指針の作成に当たっての方針」に示された考え方に基づくことが求められる。ここでの「本指針の作成に当たっての方針」に示された考え方とは，「会社の規模に関係なく取引の経済実態が同じなら会計処理も同じにすること」，「中小企業のための規範として活用するためコスト・ベネフィットの観点から，会計処理の簡便化や法人税法で規定する処理の適用を一定の場合に認められること」である[8]。

6 「中小会計指針」が反映している報告書内容

上述のように「中小会計指針」は，中小企業庁の「中小企業の会計に関する研究会報告書」（2002年6月），日本税理士会連合会の「中小会社会計基準研究会報告書」（2002年12月），日本公認会計士協会の「中小会社の会計のあり方に関する研究報告」（2003年6月）と3つの報告の内容を反映し策定されたものである。図表8-3において，主に「中小会計指針」がどの報告書を反映しているのかを示す。

第Ⅱ部　我が国における中小企業会計基準

図表8-3　「中小会計指針」に反映された報告書の内容

(反映している報告書に○を付している)

中小会計指針の内容	中小企業庁	日本税理士会連合会	日本公認会計士協会
適用対象会社	(商法上の小会社のみ)	○(中会社も含む)	○(中会社も含む)
基準作成に当たっての方針	○(シングルスタンダードの立場をとる)	(ダブルスタンダードの立場をとる)	○(シングルスタンダードの立場をとる)
金銭債権(償却原価法の任意適用)	○	○	(強制適用)
貸倒損失(回収不能な債権がある場合)	(法人税法を参考にしつつ商法の枠組みの中で算定)	○	(○)(金融商品取引法を原則としつつ法人税法による処理を容認)
貸倒引当金算定(法人税法による処理)	(あくまでも商法の枠組みの中で算定)	○	(○)(金融商品取引法を原則としつつ法人税法による処理を容認)
有価証券の減損処理(法人税法による処理を認める)	(記載なし)	○	○
棚卸資産の評価方法(最終仕入原価法の容認)	(記載なし)	○	(○)(著しい弊害があると認められる場合を除き容認)
経過勘定等(重要性の乏しいものについて経過勘定として処理しないことを容認)	○	○	○

中小会計指針の内容	中小企業庁	日本税理士会連合会	日本公認会計士協会
固定資産の償却（法人税法の耐用年数を容認）	（法人税法の耐用年数については，記載なし）	○	（○）（減価償却について法人税法上の償却限度額までを容認しているが，法人税法の耐用年数については記載なし）
ソフトウェア（法人税法による償却処理）	（記載なし）	○	（記載なし）
退職給付に係る期末自己都合要支給額の容認	（○）（自己都合要支給額の容認をしているが，日本税理士会連合会の報告書と算定方法が異なる）	○	（退職給付に係る会計基準を原則適用）
繰延税金資産または繰延税金負債（重要性がない場合には，計上しないことができる）	（税効果会計自体を任意適用）	○	（税効果会計に係る会計基準を原則適用）

出所：中小企業庁「中小企業の会計に関する研究会報告書」；日本税理士会連合会「中小会社会計基準研究会報告書」；日本公認会計士協会「中小会社の会計のあり方に関する研究報告（最終報告）要約版」；日本税理士会連合会・日本公認会計士協会・日本商工会議所・企業会計基準委員会「中小企業の会計に関する指針」；柳澤（2003）をもとに筆者作成。

　上記の図表より，「中小会計指針」は，日本税理士会連合会の「中小会社会計基準研究会報告書」に準拠している割合が高いことがわかる。

　しかし，一見，「中小会計指針」は税法による処理を多数認め，税法に歩み寄った会計基準であるように思われるが，税法による処理を用いる際には制限がかけられている。ここからも「中小会計指針」には，シングルスタンダードの考えが根底にあると考えられる。

V 「中小会計指針」適用のメリット

1 中小企業側のメリット

　中小企業における「中小会計指針」導入のメリットは2つある。「資金調達上のメリット」と「中小企業経営者が自社の経営状況を正確に把握できるメリット」である。

(1) 資金調達上のメリット

　信用力，担保力の不足により事業資金の借入れが困難な中小企業のために，各県の「信用保証協会」が借入債務を保証し，中小企業の資金調達を助ける信用保証制度がある。信用保証協会の信用保証料は従来1.35％であったが，2006年4月1日の保証申し込み受け付け分から，0.5～2.2％の範囲で，9区分に区分され適用されることとなった[9]。融資を希望する中小企業は，関与税理士による「中小会計指針」チェックリストを提出すること，もしくは会計参与設置会社であることを条件に，保証料率の0.1％の割引を受けることができる[10]。

(2) 中小企業経営者が自社の経営状況を正確に把握できるメリット

　中小企業が「中小会計指針」を適用し，適正な計算書類を作成することにより，経営者自らが企業の経営実態を正確に把握することができるようになる。つまり「中小会計指針」の適用により，中小企業の経営が健全に行われることとなる。

　経営者は，適正な計算書類によって自社の財務状況を把握し，適正な経営判断を行うことができるようになるのである。

2 金融機関側のメリット

(1) 融資先の財政状態を把握するメリット

　2007年，全国の信用保証協会と金融機関の間で「責任共有制度」が導入され，信用保証協会の融資において，20％の保証リスクを金融機関も負担するようになった[11]。

　そこで，金融機関が中小企業の財政状態・経営成績を適正に把握するにあたり，中小企業が「中小会計指針」を適用し，適正な計算書類を作成するということが重要な役割を果たすこととなったのである。

VI 「中小会計指針」の特徴と今後の課題

　本章では，「中小会計指針」の策定経緯・具体的な会計処理等を追った。そこで，「中小会計指針」の主な特徴として，以下の3点が明らかとなった。

　1点目は，シングルスタンダードの立場をとっているということである。

　2点目は，「明確な会計基準がなく，かつ税法の規定で処理した結果が企業の経済的実態を適正に表す場合」または，「会計基準は存在するが，法人税法上の処理とおおむね差異がないと見込まれる場合」に，税法基準に拠った処理が認められている。しかし，税法基準と会計基準の処理の間に顕著な差異がある場合には，税法基準は許容されない。あくまでも，会計基準を優先している。

　3点目は，コスト・ベネフィットの観点から，中小企業における会計実務や税法を考慮し，大企業向けの会計基準を簡素化・除外する方法で策定されている点である。この3点の特徴を有する「中小会計指針」は，中小企業にとって高度な知識が必要となり，中小企業の能力に見合ったものであるかは疑問である。

　この「中小会計指針」は，適用が強制されるものではない。「中小企業が計算書類を作成する場合，中小企業に関する会計指針により作成することが望

ましい」という位置づけである。

　適用を強制していない「中小会計指針」の普及には，さらなる金融機関における資金調達上のメリットや金融上の優遇措置等を検討する必要があると考える。

　中小企業を支援する政策の1つに中小企業経営承継円滑化法[12]というものがある。これは，「後継者不在を第一の理由とする廃業」が多数ある中小企業の実態改善のために制定されたものであり，民法の遺留分に関する特例・金融支援・相続税の課税の特例からなるものである。課税の特例として，事業承継の際の障害の1つである相続税負担の問題を抜本的に解決するため，非上場株式等に係る相続税の軽減措置について，80％納税猶予とする減税措置が規定されている。この中小企業経営承継円滑化法のように，「中小会計指針」に準拠した財務諸表に対し，大幅な減税の措置を行うなどの思い切った対応策を打つべきであろう。このような減税，会計参与設置会社に対する補助金の導入など，金融上の優遇措置を生み出していかなければ，普及は難しいと考えるものである。

注

1) 中小企業の会計に関する指針の略称については，プレスリリース「中小企業の会計に関する指針の公表について」（2013年2月22日公表）において「中小会計指針」とされている。本章以降これに準ずるものとする。
2) 日本税理士会連合会，日本公認会計士協会，日本商工会議所，企業会計基準委員会「『中小企業の会計』の統合に向けた検討委員会」。
3) 日本税理士会連合会，日本公認会計士協会，日本商工会議所，企業会計基準委員会「『中小企業の会計』の統合に向けた検討委員会」。
4) 日本税理士会連合会，日本公認会計士協会，日本商工会議所，企業会計基準委員会「『中小企業の会計に関する指針』の公表について」（2005年8月3日公表）。
5) 武田編著（2006a），182頁。
6) 日本税理士会連合会，日本公認会計士協会，日本商工会議所，企業会計基準委員会「中小企業の会計に関する指針」。
7) 本章第Ⅳにおいては，「中小会計指針」が策定された2005年における指針内容を述べている。
8) 武田編著（2006a），89頁。
9) 一般社団法人全国信用保証協会連合会「信用保証　大幅な運用改善実施」。
10) 中小企業庁「信用保証協会が行う中小企業の会計処理による割引制度の見直し」。

この制度の適用が，2012年4月1日以降に終了する事業年度の計算書類から厳しくなっている。変更前；チェックリスト全15項目のうち，「1項目以上」が指針に沿って会計処理されていれば，割引を適用。変更後；チェックリスト全15項目の「すべて」が指針に沿って会計処理されていれば，割引を適用。

　2013年4月より中小会計要領における保証料割引が開始されたため，これまで実施していた中小会計指針適用企業に対する保証料率の割引は，2013年3月末の申し込みをもって終了している。しかし，会計参与設置会社に対し行われていた優遇制度は，継続して適用されている。

11) 一般社団法人全国信用保証協会連合会「責任共有制度」。
12) 中小企業庁「平成22年度中小企業経営承継円滑化法 申請マニュアル」。

第9章

「中小会計要領」の策定

I 我が国における中小企業会計基準策定の萌芽

　我が国における最初の中小企業会計基準は，昭和24年（1949年）12月26日に策定された「中小企業簿記要領」にさかのぼる[1]。これは，我が国が昭和25年（1950年）に，「シャウプ勧告」に基づく税制の完全改革を行い，申告納税制度を導入し，青色申告制度を新しく取り入れたことから策定されたものであると考えられる[2]。このシャウプ勧告は，公平な租税制度を確立するため行われたものである。青色申告制度が導入され，さらに税法による「記帳・記録保存制度」が導入されたことから[3]，記帳が重視されたのである[4]。

　その後，中小企業会計については，制度会計の基準である商法（現・会社法）基準，証券取引法（現・金融商品取引法）基準，税法基準のうち，商法（会社法）の枠組みの中で確定決算主義に基づく税法を中心とする会計が行われてきた。

　近年，中小企業の資金調達形態は，不動産等を担保に入れ金融機関から融資を受ける資金調達が中心ではなくなり，金融機関が中小企業の収益性を重視して融資する傾向が強くなってきた。そこで，中小企業が金融機関等の信頼を得て円滑に資金調達を行い，さらには，自社の経営状況を経営者自身が把握するため，適切な会計基準が必要とされるようになってきた。

　こうした背景のもと，2002年には中小企業庁より「中小企業の会計に関する研究会」が設立され，中小企業にとって適切な統一された会計基準を策定する動きが始まり，中小企業庁，日本税理士会連合会，日本公認会計士協会がそれぞれ中小企業会計基準を策定し，提案することとなった。しかし，3者の会計基準が併存することにより，中小企業会計実務に混乱が生じることとなった。そこで，この3者の会計処理の違いを踏まえた上で，3者の歩み寄りによる「中小会計指針」が策定されたのである。

　「中小会計指針」は，2005年8月に公表され，その後毎年改訂が行われて

いる。

ところが，「中小会計指針」の普及が思わしくなく，中小企業の会計実務から乖離しているとの意見もあり，新たに中小企業の会計実務に即した会計基準を目指した「中小企業の会計に関する基本要領」(以下，中小会計要領とする[5])が，2012年2月1日に公表された[6]。

本章において，「中小会計要領」の具体的な策定経緯を述べ，その特徴を明らかにし，我が国における「中小会計指針」，「中小会計要領」の適用可能性を検討する。

II 我が国における中小企業会計基準策定の経緯[7]

図表9-1において，2002年以降における我が国の中小企業会計基準の策定経緯を整理して記載する。

図表9-1　我が国における中小企業会計基準の変遷

	中小企業会計基準の策定過程
2002年 3月～6月	中小企業庁より「中小企業の会計に関する研究会」が設立された。2002年3月11日，2002年3月29日，2002年4月22日，2002年5月10日，2002年5月22日，2002年6月7日，2002年6月21日の計7回に及ぶ研究会が行われた。
2002年 6月28日	中小企業庁より「中小企業の会計に関する研究会報告書」がプレスリリースされた。(シングルスタンダードの立場をとる)
2002年 12月19日	日本税理士会連合会では，実務において対応できるようにするための研究機関として「中小会社会計基準研究会」を設置し「中小会社会計基準研究会報告書」を作成した。(ダブルスタンダードの立場をとる)
2003年6月2日	日本公認会計士協会は，「中小会社の会計のあり方に関する研究報告」を公表した。(シングルスタンダードの立場をとる)

第Ⅱ部　我が国における中小企業会計基準

	中小企業会計基準の策定過程
2005年7月	会社法の成立。(2005年7月26日公布，2006年5月1日施行)
2005年8月1日	中小企業の会計に関する指針（日本税理士会連合会，日本公認会計士協会，日本商工会議所，企業会計基準委員会による）を公表した。 （シングルスタンダードの立場をとり，毎年改訂を繰り返す）
2010年2月	中小企業庁より「中小企業の会計に関する研究会」が設立された。
2010年3月	日本商工会議所，日本税理士会連合会，日本公認会計士協会，日本経済団体連合会，企業会計基準委員会より「非上場会社の会計基準に関する懇談会」が設立された。
2010年8月	日本商工会議所，日本税理士会連合会，日本公認会計士協会，日本経済団体連合会，企業会計基準委員会より「非上場会社の会計基準に関する懇談会報告書」が出された。
2010年9月	中小企業庁より「中小企業の会計に関する研究会中間報告書」が出された。
2011年2月	中小企業庁と金融庁より「中小企業の会計に関する検討会」が設置された。（ここでは，12回のワーキンググループと4回の検討会が行われた）
2011年11月8日から12月7日まで	「中小企業の会計に関する基本要領（案）」に対する意見募集を，電子政府の総合窓口および日本商工会議所HP，企業会計基準委員会HP，金融庁HP，中小企業庁HPに掲載する形で行っている*。
2012年2月1日	「中小企業の会計に関する基本要領」が公表された。 （ダブルスタンダードの立場をとる）

*　中小企業庁・金融庁「『中小企業の会計に関する基本要領（案）』に対する意見募集の結果について」。
出所：中小企業庁「中小企業の会計に関する研究会報告書」；中小企業庁「中小企業の会計に関する研究会議事要旨（第1回～第7回）」；日本税理士会連合会「中小会社会計基準研究報告書」；日本公認会計士協会「中小会社の会計のあり方に関する研究報告（経過報告）」；日本公認会計士協会「中小会社の会計のあり方に関する研究報告（最終報告）要約版」；日本税理士会連合会・日本公認会計士協会・日本商工会議所・企業会計基準委員会「『中小企業の会計に関する指針』の公表について」(2005年8月3日公表)；中小企業庁・金融庁「『中小企業の会計に関する検討会』の設置について」；日本商工会議所・日本税理士会連合会・日本公認会計士協会・日本経済団体連合会・企業会計基準委員会「非上場会社の会計基準に関する懇談会報告書」；中小企業庁・金融庁「中小企業の会計に関する基本要領」をもとに筆者作成。

III 「中小企業の会計に関する基本要領」の策定

　新たに中小企業の会計実務に即した会計基準「中小会計要領」が，2012年2月1日に公表された[8]。

　「中小会計要領」は26頁からなり，「中小会計指針」が45頁からなるのに比べ，さらなる会計処理の簡略化が行われている。また，「中小会計要領」は国際会計基準の影響を排除した会計基準を目指し策定されている[9]。

　しかし，「中小会計要領」の公表は，中小企業会計実務に，新たな混乱をもたらすものであるともいえる。問題の1つは，「中小会計指針」と「中小会計要領」との兼ね合いである。「中小会計指針」と「中小会計要領」の両者を共存させていくのか，もし共存させるのであれば中小企業を資本金別・従業員数別等の規模別に区分して両者を適用させていくのか，または共存させないのかなどである。

　そこで，まず中小企業会計の実態を示すべく，「中小会計指針」の普及状況を明らかにする。

IV 「中小会計指針」の普及状況

　「中小会計指針」は，策定されてから普及状況が思わしくない。以下において，普及状況を示す調査の結果を説明する。

1 新日本有限責任監査法人による2007年度の実態調査（2008年度公表）

　「中小会計指針」が制定されてから2年後の2008年3月に，新日本有限責任監査法人より「平成19年度（2007年度）中小企業の会計に関する実態調査事業　集計・分析結果（最終報告書）」[10]が出され，普及状態等が明らかとなった。

これは，中小企業経営者・税理士・公認会計士に対してアンケート調査を行い，結果をまとめたものである。会計処理・財務情報開示に関する中小企業経営者の意識に関するアンケート調査（郵送法）を，抽出標本数20,000件，調査対象を建設業，製造業，運輸業，卸売業，小売業，飲食業，不動産業，サービス業を営む中小企業とし，調査実施期間を2008年2月15日から2月29日として行っている。回収標本数は4,569件，回収率24.0％である。

また2008年2月から3月にかけて，中小企業の財務情報開示に関する税理士と公認会計士の意識に関するアンケート調査（配付）も行われた。回収標本数は，税理士501件，公認会計士19件である。

(1) 中小企業経営者に対する意識調査の結果

中小企業の財務諸表の開示先については「主要取引金融機関」が77.6％と最も多く，次いで，「役員（代表者を除く）」，「株主・親会社」となっている。このことから，中小企業の財務諸表は，銀行などの金融機関に対して融資の際に提示されるケースが多く，融資を受ける際に有利となる財務諸表の作成が求められている実態がわかる。

また，「中小会計指針」の存在を認知しているかという問いに対しては，44.0％の中小企業経営者が知っていると回答している。「中小会計指針」の認知度について細かく調査したところ，従業員数が11人以上の企業層においては認知度が53.3％と半数を超えており，規模の大きい中小企業においてはかなり認知度が高いことがわかる。

「中小会計指針」についてどの程度まで知っているかの問いに対しては，「中小会計指針の内容について知っている」が27.6％と最も多く，次いで「中小会計指針が策定されたことを知っている」が11.8％，「中小企業の会計31問31答を知っている」が9.7％となっている。

「中小会計指針」を知った情報源については，「税理士」が50.0％と最も多く，主な情報源は税理士であることがわかる。

しかし，実際に「中小会計指針」に準拠した計算書類を作成しているかの

問いに対しては,「中小会計指針」に準拠して計算書類の作成を行っていると回答したのは33.6％（うち,「完全に準拠して計算書類を作成している」と回答したのは15.9％）で,「税理士等に一任しているためわからない」が55.3％となっている。

「中小会計指針」を適用することにより受けることのできる金融機関での「融資条件の優遇制度」の利用経験については,「利用したことがある」が3.4％と非常に低い。「中小会計指針」に関する認知度は高くても，中小企業側が「融資条件の優遇制度」を熟知し，実際に優遇制度を利用することが難しいことがわかる。つまり，金融機関による優遇制度や信用保証協会の信用保証料の軽減などは，あまり知られていないか，知っていてもわずかな軽減率のため利用する必要がないと考えられているケースが多くあると考えられる。

また,「中小会計指針」に望むことという問いに対し,「極力簡便な会計処理とする視点を重視してほしい」という回答が36.6％と最も多く，また「税務会計で十分」が25.1％,「経営管理にも役立つような会計処理とする視点を重視してほしい」が21.5％となっている。中小企業の実務において，さらなる中小企業の実務を重視した簡便な会計処理が求められている実態がうかがえる。

会計参与の導入状況においては,「すでに導入」が8.5％,「今後導入する予定」が2.3％と非常に低い。導入を考えていない理由として,「現状に問題がない」が52.7％と最も多く,「設置による効果が予想しにくい」が36.2％,「税理士等に依頼した場合の費用負担が予想しにくい」が20.3％となっており，会計参与の導入におけるコストや，メリットの把握が難しいことを原因とし，導入が進んでいない現状がわかる。

(2) 税理士・公認会計士に対する意識調査の結果

税理士に対する意識調査の回答では,「中小会計指針が策定されたことを知っている」が94.2％,「日本税理士会連合会が,『中小会計指針』の適用に

関するチェックリストを策定したことを知っている」が92.2％，「信用保証協会が，『中小会計指針』の準拠状況を示すチェックリストの提出会社に対して，保証料率の割引（0.1％）を開始したことを知っている」が83.0％であり，税理士による「中小会計指針」の認知度は高い。

また，公認会計士についても，「中小会計指針が策定されたことを知っている」が89.5％，「中小企業庁が中小企業の会計を解説した冊子・中小企業の会計31問31答を配布していることを知っている」が63.2％と，19件の標本数ではあるが，「中小会計指針」の認知度は高いと判断できる。

(3) 中小企業が「中小会計指針」に準拠した財務諸表を作成することが困難な理由

中小企業が「中小会計指針」に準拠した財務諸表を作成することが困難な理由として，コストがかかりすぎるということと，この指針が中小企業にとって難易度が高く適用しにくいということが考えられる。

コスト面の問題としては，会計参与の導入によるコスト・ベネフィットが主な論点となると考えられる。つまり，コストをかけて会計参与を導入し，適正な財務諸表を作成することにどれだけのベネフィットがあるかということが論点になるものと考えられる。

また，「中小会計指針」の難易度が高く，実際の中小企業経営者や会計担当の従業員が理解しにくいという問題については，さらなる簡略化を望む声がある一方，現行の「中小会計指針」はすでにかなり簡略化され，税法との歩み寄りにより中小企業にとっては適用しやすい簡単なものとなるように配慮されているはずであり，これ以上の簡略化を進めると「中小会計指針」の策定目的である「中小企業の経営者が適切に企業経営実態を把握する」という経営者の管理支援機能が失われてしまう[11]との意見もある。

2 新日本有限責任監査法人による2008年度の実態調査（2009年度公表）

さらに，「平成20年度（2008年度）中小企業の会計に関する実態調査事業　集計・分析結果　報告書」が2009年3月，新日本有限責任監査法人より公

表されている[12]。

　この調査は，調査期間を2009年2月13日から3月2日とし，会計処理・財務諸表開示に関する中小企業経営者の意識調査（郵送法）を行っている。抽出標本数15,000件，建設業，製造業，情報通信業，運輸業，卸売・小売業，飲食業，宿泊業，不動産業，サービス業が対象であり，回収標本率は33.76％，5,064件である。

　また同期間に，会計処理・財務諸表開示に関する個人事業主の意識調査（郵送法）として，製造業，卸売業，小売業，飲食店，宿泊業，サービス業の個人事業主に対し，アンケート調査を行い，抽出標本数5,000件のうち回収率7.96％，398件の結果を受け取っている。

　さらに，2009年2月から3月にかけて中小企業の会計処理・財務情報開示に関する税理士と公認会計士の意識調査（配付）を行っている。回収標本数は，税理士が187件，公認会計士が34件である。このアンケートの回答は，経営者側，税理士・公認会計士側の両側面から中小企業における会計の実態を浮き彫りにするものである。このアンケート結果は以下のとおりである。

(1) 中小企業経営者による決算書の開示理由

　中小企業経営者による決算書の開示理由として，「金融機関の資金調達」が80.3％と圧倒的に多く，次いで「企業の経営状況を適切に把握するため」が37.9％である。また，このような開示理由を答えていながら，決算書の信用力を高めるための取り組みについての問いに対し，「特に行っていない」が46.7％，次いで「民間信用調査会社への情報提供を行っている」が21.3％であり，融資のための信用度の高い決算書類は必要ではあるものの，その取り組みが進んでいないことがわかる。また，「中小会計指針」に関する認知事項について，「中小会計指針の内容・信用保証協会の優遇制度・チェックリストだけでなく『中小会計指針』が制定された事実すら知らない」と回答した中小企業経営者が56.4％もあり，前回の調査からいっこうに認知度が高まっていない状況が明らかとなっている。

「中小会計指針」に準拠した計算書類の作成状況として,「完全に準拠した計算書類を作成している」は 14.2％,「完全に準拠した計算書類は作成していないものの,信用保証協会の保証料率割引制度・金融機関等による融資商品を利用している」が 7.0％とあり,前回より少し増えたが,依然として普及は思わしくない。

保証料率の割引制度が「中小会計指針」を導入する動機づけになったかについては,「導入するきっかけとなった」が 16.8％と低く,「導入するきっかけとはなっていない」が 42.8％もあり,保証料率の割引制度は「中小会計指針」を導入する動機づけとして効果がないことがわかる。

(2) 税理士が「中小会計指針」を顧問先に勧める理由

また,税理士の回答において,「中小会計指針」を顧問先に勧める理由として「中小企業経営者に自社の財務状況を適切に把握させるために有効である」が 69.6％あり,「金融機関等からの信頼を得て,優遇商品を活用するために必要」が 74.7％であった。

しかし一方で,「中小会計指針」を顧問先に勧めない理由として,「中小企業は会計制度に準じた処理を望んではいない(税制を意識した処理を望んでいる)」が 62.1％であり,「中小企業経営者は会計の質の向上をそれほど重視していない」が 58.6％である。また,「内容が中小企業には難しい」が 31.0％あり,税理士も「中小会計指針」の普及が困難であると認識していると考えられる。

3 新日本有限責任監査法人による 2009 年度の実態調査(2010 年度公表)

2007 年,2008 年に引き続き「平成 21 年度(2009 年度)中小企業の会計に関する実態調査事業 集計・分析結果 報告書」が 2010 年 3 月,新日本有限責任監査法人より公表されている[13]。

この調査は,調査期間を 2009 年 12 月 7 日から 2010 年 1 月 8 日とし,会計処理・財務諸表開示に関する中小企業経営者の意識調査(郵送法)を行っ

ている。抽出標本数8,000件，建設業，製造業，情報通信業，運輸業，卸売・小売業，飲食業，宿泊業，不動産業，サービス業が対象であり，回収標本率は25.1%，2,010件である。

また同期間に，会計処理・財務諸表開示に関する個人事業主の意識調査（郵送法）として，製造業，卸売業，小売業，飲食店，宿泊業，サービス業の個人事業主に対し，アンケート調査を行い，抽出標本数2,000件のうち回収率18.7%，373件の結果を受け取っている。

さらに2009年12月から2010年2月に，中小企業の会計処理・財務情報開示に関する税理士と公認会計士の意識調査（配付）を行っている。回収標本数は，税理士が296件，公認会計士が13件である。このアンケート結果は以下のとおりである。

(1) 中小企業経営者による決算書の開示理由

中小企業経営者による決算書の開示理由として，「金融機関から資金調達を行うため」が80.1%と最も多く，「株主や親会社への説明資料として」が51.2%，「適切な経営判断を行うため」が42.2%である。

また，「中小会計指針」に関する認知事項について，「内容について，ある程度理解している」が37.0%，次いで，「策定されたことを知っている」が21.2%，「中小企業の会計31問31答について知っている」が19.0%の順になっている。「中小会計指針を知っている」と回答した企業は42.0%となっており，前回の調査から認知度が高まる兆しはなく，むしろ減少傾向にある。

「中小会計指針」に準拠した計算書類の作成状況として，「趣旨を理解して決算書を作成している」が11.4%，「完全に準拠して作成している」が15.9%，「完全には準拠していないが保証料率割引制度や金融機関等の融資商品を利用している」が6.8%となっている。しかし，「準拠していない」と「税理士等に一任しているためわからない」と回答した企業の合計は，52.4%となっており，普及が広まる兆しはない。

保証料率割引制度の利用状況について，「制度を知らなかった（知っていて

も利用しなかった）」が37.6％,「制度を利用したことがある」が19.6％,「制度を知らなかった（知っていれば利用した）」が17.9％になっている。

ここから,保証料率の割引制度は「中小会計指針」を導入する動機づけとして依然として効果をあげていないことがわかる。

(2) 税理士が「中小会計指針」を顧問先に勧める理由

また,税理士の回答において,「中小会計指針」を顧問先に勧める理由として「中小企業経営者に自社の財務状況を適切に把握させるために有効である」が63.4％,「金融機関等からの信頼を得て,優遇商品を活用するために必要」が67.6％であった。

さらに「中小会計指針」を顧問先に勧めない理由として「中小企業は会計制度に準じた処理を望んではいない（税制を意識した処理を望んでいる）」が65.2％,「準拠することによる金融面等のメリットがない」が30.4％,「内容が中小企業には難しい」が39.1％あり,税理士も「中小会計指針」の資金調達上のメリットを疑問視していることがうかがえる。

4 新日本有限責任監査法人による2010年度の実態調査（2011年度公表）

2011年に,新日本有限責任監査法人より「平成22年度（2010年度）中小企業の会計に関する実態調査事業 集計・分析結果 報告書」[14]が出された。

これは,上述の新日本有限責任監査法人による実態調査に引き続き行われたもので,同じく中小企業経営者・税理士・公認会計士に対してアンケート調査を行い,結果をまとめたものである。会計処理・財務情報開示に関する中小企業経営者の意識に関するアンケート調査を,抽出標本数8,000件,調査対象を建設業,製造業,情報通信業,運輸業,卸売・小売業,飲食業,宿泊業,不動産業,サービス業の中小企業とし,調査実施期間を2010年11月15日から12月10日として行っている。回収標本数は1,808件,回収率22.6％である。

同時に,製造業,卸売業,小売業,飲食業,宿泊業の個人事業主に対する

調査(郵送法)を行い,抽出標本数2,000件,回収率18.4%,368件である。

また2010年12月から2011年2月にかけて,中小企業の財務情報開示に関する税理士と公認会計士の意識に関するアンケート調査(配付)も行われた。回収標本数は,税理士217件,公認会計士18件である。

(1) 中小企業経営者に対する意識調査の結果

中小企業の財務諸表の開示先については「主要取引金融機関」が88.6%と最も多く,次いで,「信用保証協会」が29.1%,「信用調査会社」が20.0%となっている。このことから,資金調達を行うために,融資側の要請で財務諸表の作成が求められている実態がわかる。

また,「中小会計指針」の存在を認知しているかという問いに対しては,39.5%の中小企業経営者が知っていると回答している。「中小会計指針」が策定されてから5年が経つが,認知度が高まることはない。

また実際に「中小会計指針」に準拠した計算書類を作成しているかの問いに対しては,「中小会計指針」に準拠して計算書類の作成を行っていると回答したのは54.3%(うち,「完全に準拠して計算書類を作成している」と回答したのは17.2%,「完全には準拠していないが,保証料率割引制度や金融機関の融資商品を利用している」が18.2%)であり,「中小会計指針」の準拠率は,徐々ではあるが高まり,また金利優遇制度なども利用されつつあると考えられる。

「中小会計指針」を適用することにより受けることのできる金融機関での「融資条件の優遇制度」や,信用保証協会の割引制度を「利用したことがある」が24.0%と利用率も高まっている。

会計参与の導入状況においては,「すでに導入」が6.1%,「今後導入する予定」が0.8%と非常に低い。会計参与の導入はいっこうに進んでいない現状がわかる。

(2) 税理士・公認会計士に対する意識調査の結果

税理士に対する意識調査の回答では，「『中小会計指針』が策定されたことを知っている」が95.3％，「日本税理士会連合会が，『中小会計指針』の適用に関するチェックリストを策定したことを知っている」が85.9％，「信用保証協会が，『中小会計指針』の準拠状況を示すチェックリストの提出会社に対して，保証料率の割引（0.1％）を開始したことを知っている」が84.5％であり，税理士による「中小会計指針」の認知度は高い。

また，公認会計士についても，「中小会計指針が策定されたことを知っている」が93.8％であり，会計専門家の「中小会計指針」の認知度は高いと判断できる。

5 「中小会計指針」の普及率について

以上の1から4のアンケート調査の結果において，「中小会計指針」の普及が芳しくない現状が明らかとなった。中小企業における認知度，普及率においても高まることはなく，かろうじて，信用保証協会の割引制度など金融的な支援策の利用割合は増えつつある。

また，税理士，公認会計士など会計専門家の間における「中小会計指針」の認知度は高いものの，クライアントには知られていない現状が明らかとなった。

さらに会計参与が普及せず，これに伴い「中小会計指針」の普及も思わしくないことが明らかになっている。

V 「中小会計要領」の公表

2012年2月1日，中小企業庁・金融庁より「中小会計要領」が公表された。これは，中小企業庁・金融庁が2011年2月に「中小企業の会計に関する検討会」を設置し，検討会とワーキンググループでの議論の結果，策定さ

れたものである。「中小会計要領」の策定過程は以下である[15]。

2010年2月に中小企業庁より「中小企業の会計に関する研究会」，2010年3月に企業会計基準委員会等より「非上場会社の会計基準に関する懇談会」がそれぞれ設置された。さらに2010年8月に企業会計基準委員会等より「非上場会社の会計基準に関する懇談会報告書」が出され，2010年9月に中小企業庁より「中小企業の会計に関する研究会中間報告書」が出された。

この動きを受けて，新たに中小企業の会計処理のあり方を示す会計基準を策定し，その会計基準の普及方法，中小企業におけるその会計基準の活用策等の具体的な内容について検討を行うため，中小企業庁と金融庁により2011年2月に「中小企業の会計に関する検討会」が設置された。ここでは，12回のワーキンググループと4回の検討会が開催され，「中小会計要領」草案に対するコメントレターの結果を検討し，最終的にこれを反映する形で「中小会計要領」が公表されている。

「中小会計要領」草案のコメントレターの結果に対し，「中小企業の会計に関する検討会」では，「本要領は，税制との調和を図った上で，会社法上の計算書類等を作成する際に参照するための会計処理等を示すものである」とし，「中小企業の経営者に理解しやすく，要領を利用する中小企業に必要な事項を簡潔かつ可能なかぎり平易に記載したものである」と回答している[16]。

つまり，この「中小会計要領」は，会計と税制の調和を図った上で，会社計算規則に準拠した会計を目指している[17]。また，中小企業会計実務を反映し，わかりやすく経営者の経営意思決定に役立つという管理目的を兼ね備えた基準として考えられたものである。

以下において，「中小会計要領」策定の最初の動きともいえる，2010年2月の中小企業庁による「中小企業の会計に関する研究会」と2010年3月の企業会計基準委員会等による「非上場会社の会計基準に関する懇談会」の内容を説明する。

第Ⅱ部 我が国における中小企業会計基準

1 中小企業の会計に関する研究会

　まず，中小企業の会計に関する研究会が2010年2月から9月にかけて行われている[18]。研究会メンバーは，研究者のほかに実務家として公認会計士・税理士，金融機関，企業経営者等である[19]。また，オブザーバーとして，法務省，金融庁，企業会計基準委員会，経済産業省の役員・委員が名を連ねている[20]。この中小企業の会計に関する研究会は，中小企業庁主導によるものである。

　中小企業の会計に関する研究会委員メンバーは，以下である。

図表9-2　中小企業の会計に関する研究会委員等名簿

委員
安藤　英義　（専修大学 商学部 教授）
市川　隆治　（前 全国中小企業団体中央会 専務理事）
岩崎　博之　（全国商店街振興組合連合会 専務理事）
上西左大信　（日本税理士会連合会 調査研究部 特命委員）
上原　秀夫　（株式会社前川製作所 財務グループ・リーダー）
上村　達男　（早稲田大学 法学部 教授）
江頭憲治郎　（早稲田大学大学院 法務研究科 教授）
大橋　正義　（中小企業家同友会全国協議会 政策委員長）
尾崎　安央　（早稲田大学 法学部 教授）
河﨑　照行　（甲南大学 会計大学院 院長）
木村　拙二　（愛知産業株式会社 監査役）
桑原　龍司　（光陽産業株式会社 監査役）
古賀　智敏　（同志社大学 商学部 特別客員教授）
坂井　映子　（武蔵大学 経済学部 准教授）
坂本　孝司　（税理士法人坂本＆パートナー 理事長 税理士 米国公認会計士）
櫻庭　周平　（櫻庭公認会計士事務所 公認会計士 税理士）
品川　芳宣　（早稲田大学大学院 会計研究科 教授）
清水　謙之　（商工組合中央金庫 統合リスク管理部長）
武田眞樹雄　（渡辺パイプ株式会社 常務取締役）
寺田　範雄　（全国商工会連合会 専務理事）

第9章 「中小会計要領」の策定

橋本　清　　（京葉銀行 取締役 融資第一部長）
平川　忠雄　（税理士法人平川会計パートナーズ 代表社員 税理士）
前田　庸　　（学習院大学 名誉教授）
松原　有里　（明治大学 商学部 准教授）
眞鍋　隆　　（全国中小企業団体中央会 専務理事）
万代　勝信　（一橋大学大学院 商学研究科 教授）
宮城　勉　　（日本商工会議所 常務理事）
弥永　真生　（筑波大学 ビジネス科学研究科 教授）
柳澤　義一　（日本公認会計士協会 常務理事）
吉田　雅之　（城北信用金庫 審査部企業支援グループ 副部長）

　　　　　　　　　　　　　　　　　　　　　（五十音順，敬称略）

オブザーバー
　高木　弘明　（法務省民事局参事官室 局付）
　新井　吐夢　（法務省民事局参事官室 局付）
　澁谷　亮　　（前 法務省民事局参事官室 局付）
　平松　朗　　（前 金融庁総務企画局企業開示課主任会計専門官）
　野村　昭文　（金融庁総務企画局企業開示課企業会計調整官）
　新井　武広　（企業会計基準委員会 副委員長）
　北川　慎介　（前 経済産業省経済産業政策局担当審議官）
　平塚　敦之　（経済産業省経済産業政策局企業行動課企画官）

事務局
　伊藤　仁　　（中小企業庁事業環境部長）
　中石　斉孝　（中小企業庁事業環境部財務課長）
　濱野　幸一　（前中小企業庁事業環境部財務課長）
　籔内　雅幸　（中小企業庁事業環境部財務課税制企画調整官）
　日暮　正毅　（中小企業庁事業環境部財務課課長補佐）
　宮坂　亮　　（中小企業庁事業環境部財務課調査員）
　岡田　陽　　（中小企業庁事業環境部財務課）
　永井　強　　（中小企業庁事業環境部財務課課長補佐）
　中嶋　重光　（中小企業庁事業環境部財務課税制専門官）

森口　保　　（中小企業庁事業環境部財務課企画係長）
高橋秀太朗（中小企業庁事業環境部財務課税制係）
岩田　祐輝　（中小企業庁事業環境部財務課企画係）
松田　圭介　（中小企業庁事業環境部財務課企画係）

出所：中小企業庁・金融庁「中小企業の会計に関する研究会中間報告書」。

　この研究会では，中小企業の会計処理のあり方について以下の内容をあげている。

- 経営者が理解でき，自社の経営状況を適切に把握できる，「経営者に役立つ会計」。
- 金融機関や取引先等の信用を獲得するために必要かつ十分な情報を提供する，「利害関係者と繋がる会計」。
- 実務における会計慣行を最大限考慮し，税務との親和性を保つことのできる，「実務に配慮した会計」。
- 中小企業に過重な負担を課さない，中小企業の身の丈に合った，「実行可能な会計」。

　さらにこの研究会では，「中小会計指針」は主に会計参与が利用するものであり，高度で使いにくいとの指摘がなされている。特に，税効果会計[21]，棚卸資産[22]，有価証券[23]等の項目は，中小企業にとって難易度が高いと指摘されている。そこで，新しい中小企業会計基準は，会計参与設置会社を除外すべきであるとしている。

　また，「中小企業が見積もりによる時価評価を行って計算書類を作成したとしても，金融機関の審査期間が大幅に短縮されることにはならない」とし，時価評価を行うこと自体にも疑問を呈している。

　中小企業の会計基準は，国際会計基準の影響の遮断または回避を行い，確定決算主義を維持し，中小企業経営者が自社の経営状況を把握できるものであるべきとし，さらに中小企業による記帳の重要性を認識すべきであるとしている。

2010年9月，この研究会において「中小企業の会計に関する研究会中間報告書」が出されている。この中間報告書の主要論点は，「中小企業の会計のあり方を検討するに当たって，中小企業の成長に資するものである」ということと，「経営者自身が会計ルールのユーザーである」ということである。

2 非上場会社の会計基準に関する懇談会

2010年3月から7月にかけて，企業会計基準委員会等の民間団体により計5回の「非上場会社の会計基準に関する懇談会」が行われた[24]。

懇談会メンバーは，研究者のほかに実務家として公認会計士・税理士，日本商工会議所，金融機関，企業経営者，企業会計基準委員会の委員等である[25]。また，オブザーバーとして，法務省，金融庁，中小企業庁，経済産業省，東京証券取引所の役員・委員が名を連ねている[26]。この懇談会は，日本商工会議所，日本税理士会連合会，日本公認会計士協会，日本経済団体連合会，企業会計基準委員会主導によるものである。

懇談会の構成メンバーは以下である。

図表9-3 「非上場会社の会計基準に関する懇談会」名簿

座長
安藤　英義　（専修大学商学部教授）
副座長
島崎　憲明　（住友商事株式会社特別顧問）
宮城　勉　　（日本商工会議所常務理事）
新井　武広　（企業会計基準委員会副委員長）
池田　隼啓　（日本税理士会連合会会長）
上西左大信（日本税理士会連合会調査研究部　特命委員）
逢見　直人　（日本労働組合総連合会　副事務局長）
神田　秀樹　（東京大学大学院法学政治学研究科教授）
久保田政一（日本経済団体連合会専務理事）

小見山　満	（日本公認会計士協会副会長）
佐藤　行弘	（三菱電機株式会社常任顧問）
品川　芳宣	（早稲田大学大学院会計研究科教授）
寺田　範雄	（全国商工会連合会専務理事）
西川　郁生	（企業会計基準委員会委員長）
平松　一夫	（関西学院大学商学部教授）
増田　宏一	（日本公認会計士協会（前）会長）

オブザーバー
河合　芳光	（法務省民事局参事官）
三井　秀範	（金融庁企業開示課長）
平塚　敦之	（経済産業省経済産業政策局企業行動課企画官）
濱野　幸一	（中小企業庁財務課長）
松崎　裕之	（東京証券取引所上場部長）

出所：日本商工会議所，日本税理士会連合会，日本公認会計士協会，日本経済団体連合会，企業会計基準委員会「非上場会社の会計基準に関する懇談会報告書」。

　この懇談会の趣旨は，「国際会計基準の非上場会社への影響を回避し，非上場会社の多様性を踏まえた会計基準のあり方について検討すること」である。非上場会社の会計基準に関する基本的な考え方として，「我が国の非上場会社は幅広いため，区分した上で議論する必要がある」，「中小企業の特性を踏まえた上で，経営者にとって理解しやすく，簡素で安定的なものであるべきである」としている。

　さらに，現行の確定決算主義を前提とし，法人税法に従った処理に配慮し，会社法第431条に定める一般に公正妥当と認められる企業会計の慣行に該当することを目指している。

　2010年8月に，この懇談会から「非上場会社の会計基準に関する懇談会報告書」が出されている。この報告書は，以下の項目を考慮して策定されたものであるとしている。

第9章 ■「中小会計要領」の策定

- 非上場の中小企業の財務諸表においては,保守的な会計処理が指向され,配当制限や課税所得計算など利害調整的な側面がより重視される。
- 非上場会社の会計基準の検討に必要とされる基本的な視点として,非上場会社の会計基準のあり方の検討にあたっては,「非上場会社の多様性」を考慮する必要がある。
- 法人税法との関係としては,現行の確定決算主義を前提とした上で,中小企業の実態を踏まえて法人税法の取扱いに配慮しつつ,適切な利益計算の観点から会計基準のあり方の検討を行うことが適当である。

3 2つの報告書の共通点

　中小企業の会計基準は,国際会計基準の影響を回避し安定的なものとすること,確定決算主義を維持し,法人税法の処理を考慮に入れること,中小企業経営者が自社の経営状況を把握することができることを基準策定の方針とするなど,基本的な方針の点において,両者の差異はなくほぼ同一である[27]。

　また,中小企業の特徴である企業属性を反映した中小企業会計の基準を策定すべきであるという点においても両者は同意見である。両者ともに,記帳の重要性を認識しており,中小企業の身の丈に合った会計基準の必要性を認識している。

4 中小企業の会計に関する検討会

　中小企業庁と金融庁により2011年2月に「中小企業の会計に関する検討会」が設置され,2011年2月から2012年3月の間に計4回の検討会が開催された[28]。また,検討会の議論を支えるものとしてワーキンググループが設置され,2011年2月から2012年3月の間に計12回のワーキンググループによる審議が行われている。

　この検討会は,『中小企業の会計に関する研究会』と「非上場会社の会計基準に関する懇談会」の報告書を受けて,新たな中小企業の会計処理のあり方,普及方法,中小企業におけるその活用策等について検討を行うことを趣旨と

している。

　検討会メンバーは，研究者のほかに，日本商工会議所，金融機関，企業経営者，企業会計基準委員会等の委員である。また，オブザーバーとして法務省，事務局として金融庁，中小企業庁が名を連ねている[29]。

　また，ワーキンググループメンバーは，研究者のほかに実務家として税理士・公認会計士，日本商工会議所，金融機関，企業経営者，企業会計基準委員会等の委員が名を連ねている[30]。オブザーバーは法務省，事務局は金融庁，中小企業庁である。この検討会は，金融庁・中小企業庁主導によるものである。

　検討会およびワーキンググループのメンバーは，以下である。

図表 9-4　中小企業の会計に関する検討会　委員等名簿

委員
　岩崎　博之　（全国商店街振興組合連合会　専務理事）
　大橋　正義　（中小企業家同友会全国協議会　政策委員長）
　小此木良之　（全国信用金庫協会　常務理事）
　黒木　宏近　（全国信用組合中央協会　常務理事）
　品川　芳宣　（早稲田大学大学院　会計研究科　教授）
　髙木　伸　　（全国銀行協会　理事　事務局長）
　寺田　範雄　（全国商工会連合会　専務理事）
　西川　郁生　（企業会計基準委員会　委員長）
　眞鍋　隆　　（全国中小企業団体中央会　専務理事）
　万代　勝信　（一橋大学大学院　商学研究科　教授）
　宮城　勉　　（日本商工会議所　常務理事）

事務局
　中小企業庁　事業環境部財務課
　金融庁　総務企画局企業開示課

第9章 ■ 「中小会計要領」の策定

```
オブザーバー
　法務省　民事局参事官室
```

出所：中小企業庁・金融庁「中小企業の会計に関する検討会 委員等名簿」。

図表9-5　中小企業の会計に関する検討会 ワーキンググループ 委員等名簿

```
委員
　青山　伸悦　（日本商工会議所　理事　産業政策第一部長）
　上西左大信　（日本税理士会連合会　調査研究部　特命委員）
　打矢　知紀　（三井住友銀行　法人マーケティング部　上席推進役）
　瓜田　靖　　（中小企業家同友会全国協議会　政策局長）
　及川　勝　　（全国中小企業団体中央会　政策推進部長）
　大杉　謙一　（中央大学法科大学院　教授）
　苧野　恭成　（全国商工会連合会　企業支援部長）
　河﨑　照行　（甲南大学　会計大学院　院長）
　木村　拙二　（愛知産業株式会社　監査役）
　桑原　龍司　（光陽産業株式会社　監査役）
　坂本　孝司　（税理士法人坂本＆パートナー　理事長　税理士　米国公認会計士）
　櫻庭　周平　（櫻庭公認会計士事務所　公認会計士　税理士）
　澤口　眞史　（日本公認会計士協会　理事）
　品川　芳宣　（早稲田大学大学院　会計研究科　教授）
　高野　和彦　（商工組合中央金庫　総務部　参事役）
　野竹　弘幸　（大東京信用組合　常勤理事　財務部長）
　浜野　光淑　（全国商店街振興組合連合会　総務課長）
　都　　正二　（企業会計基準委員会　委員）
　弥永　真生　（筑波大学　ビジネス科学研究科　教授）
　吉田　雅之　（城北信用金庫　審査部　副部長）

事務局
　中小企業庁　事業環境部財務課
　金融庁　総務企画局企業開示課
```

第Ⅱ部　我が国における中小企業会計基準

```
オブザーバー
    法務省　民事局参事官室

テクニカル・アドバイザー
    小賀坂　敦　（企業会計基準委員会　主席研究員）
```

出所：中小企業庁・金融庁「中小企業の会計に関する検討会 ワーキンググループ 委員等名簿」。

(1) 中小企業の会計に関する検討会の検討内容

　中小企業の会計に関する検討会は，上述の構成委員により計4回行われている。第2回目の検討会が行われるまでに，計9回のワーキンググループが開かれている。さらに，「中小企業の会計に関する基本要領（案）」に対する意見募集が，2011年11月8日から12月7日まで，電子政府の総合窓口および日本商工会議所HP，企業会計基準委員会HP，金融庁HP，中小企業庁HPに掲載する形で行われている[31]。第10回のワーキンググループ以降，この結果を踏まえ審議が行われている[32]。

　以下において，検討会とワーキンググループの内容を説明する。

図表9-6　2011年2月から2012年3月の間に行われた4回の検討会の審議内容

検討会	開催日	検討会の内容
第1回	2011年2月15日	・新しい会計ルールは，中小企業の実態に即した，会社法第431条の「一般に公正妥当と認められる企業会計の慣行」の範囲内でなければならない。 ・非上場会社の会計基準に関する懇談会報告書と中小企業の会計に関する研究会報告書の両方をベースに新しいルールを作っていくが，基本的に両者を対立して考えず，共通点を重視して検討する。 ・健全な中小企業経営を目指すことがこの検討会の目的である。そのため，記帳の正確さが重要である。

第9章 ■「中小会計要領」の策定

検討会	開催日	検討会の内容
		・零細企業向けの会計ルールは必要最低限なものにすべきであり，具体的には税法をベースにして，そこに付加するものがあるのかどうかという観点で議論すべきである。 ・中小会計指針との棲み分けを考える必要がある。 ・ルール策定だけでなく，その普及や活用へのインセンティブなど，サポートなしには適用されないことを踏まえて議論すべきである。
第2回	2011年 10月28日	(この検討会が開かれるまでに，計9回のワーキンググループが開かれている) ・この会計ルールは中小企業憲章の理念，原則に沿って策定されていることを記載すべきである。 ・継続性の部分について，「正当な」ではなく，「合理的な」の方が経営者には理解しやすい。 ・資産，負債の基本的な会計処理のところは，「取得価額で貸借対照表に計上する」，「負債額で貸借対照表に計上する」とした方がわかりやすい。 ・金銭債権および金銭債務の例示には，「預金」を追加すべきである。 ・固定資産の「法人税法に定める期間」というところは「法人税法に定める耐用年数」とした方が適切である。 ・引当金の「発生が当期以前の事象に起因すること」というところは「発生が当期以前の事象に起因していること」とした方がよい。 ・名称については「中小企業の会計に関する基本要領」がよいのではないか。
第3回	2012年 1月27日	(名称を「中小企業の会計に関する基本要領」とすることが確定した) ・中小会計要領の本編の中で「中小企業憲章」の記載をしてはどうか。 ・全国商工会連合会・全国中小企業団体中央会・全国商店街振興組合連合会が普及に努める。

157

検討会	開催日	検討会の内容
第4回	2012年3月23日	・組織をあげてできるだけ多くの企業に中小会計要領が浸透するように取り組むべきである。 ・日本商工会議所も組織をあげて中小会計要領の普及を図っていかなければならない。金融庁、法務省、中小企業庁のサポートが必要である。 ・中小会計要領が急に義務化されるような取扱いになると、本来の計画認定や補助金等の政策目的の効果が薄れてしまうことも考えられるので、導入の時期については十分配慮すべきである。 ・中小会計要領はあまり頻繁に改訂されるものではないとしているが、改訂の必要性は常に考える必要がある。

出所：中小企業庁・金融庁「中小企業の会計に関する検討会議事要旨（第1回～第4回）」をもとに筆者作成。

図表9-7　2011年2月から2012年3月の間に行われた計12回のワーキンググループによる審議内容

ワーキンググループ	開催日	審議内容
第1回	2011年2月21日	・非上場会社の会計基準に関する懇談会報告書、中小企業の会計に関する研究会報告書の共通している部分を重視する。 ・この会計基準の策定目的は①中小企業の成長および活性化に資するものであること②中小企業の実態・実務を十分に踏まえること③中小企業の経営者が理解できる平易な表現であること④IFRSの影響を受けない安定的なものとすることである。 ・以下のような会計基準が望ましい。 　①経営者自身が遵守しようと思えるもの②経営者が理解しやすく自社の経営状態の把握に役立つもの③経営者が対応可能なもので作成負担が最小限であること④中小企業の利害関係者に有用な情報を提供するもの⑤確定決算主義の維持が必要であるが一般に公正妥当と認められる企業会計の慣行から逸脱しないもの。

ワーキンググループ	開催日	審議内容
		・中小企業の会計は幅のあるものである必要があり①企業会計基準や中小会計指針も利用できるようにすること②具体的な処理に幅のあるものとすることを考慮に入れるべきである。 ・中小企業の会計の骨格を議論する上で、以下の3つの前提条件を置く必要がある。 ①公開企業や大企業と中小企業の企業属性が異なる。 ②確定決算主義の維持も前提条件として考える必要がある。 ③記帳の重要性についても配慮する必要がある。
第2回	2011年 3月4日	・中小企業はのれんをそれほど計上していない。 ・今回の中小会計要領は、中小会計指針とは別の新たな指針である。ルールというよりガイドラインというべきである。 ・会計参与設置会社は、適用対象から除いた方がよい。 ・売買目的外有価証券、のれんは経営者によくわかる言葉にした方がよい。 ・中小企業の経営実態として資金繰りが重要な要素である。キャッシュ・フロー計算書のほかに、簡便的に資金繰りがわかるものを検討してもよい。 ・貸倒引当金の実績率については難しいので、税法の繰入率を使うという方法も検討する必要がある。 ・棚卸資産の時価評価は、中小企業にとって難しい。 ・退職給付債務の確定給付型年金で発生している積立不足について、どう対応するのか考える必要がある。 ・外貨建取引は重要であるが、外貨建債権・債務の期末の為替相場への引き直しについて検討する必要がある。 ・中小企業の会計は、税制との調和を考えなければならない。

ワーキンググループ	開催日	審議内容
第3回	2011年3月28日	・新しい会計ルールは中小企業の実態に即していなければならず，会社法第431条の「一般に公正妥当と認められる企業会計の慣行」の範囲内でなければならない。 ・貸倒引当金について，法人税法に従うとしているが，法人税法では貸倒引当金を撤廃しようとしており，法人税法の法定繰入率を原則とすることについては再度検討すべきである。 ・有価証券について，子会社や関連会社がある中小企業は，それほど多くない。 ・棚卸資産の評価方法について，最終仕入原価法は使えるようにしてほしい。 ・固定資産の減価償却について，まったく減価償却しないとするのはどうなのか。「規則的」と書かなくても，「相当」という言葉が必要ではないか。
第4回	2011年4月26日	・この会計ルールを策定するにあたり，会社法，会社計算規則が定めるところの「一般に公正妥当と認められる企業会計の基準」を中小企業の実態にあわせて作成することが重要であり，あくまでも会社計算規則が優先される。実態に基づいた規則作りを重視しすぎていることは問題である。 ・有価証券，棚卸資産，固定資産は，資産の価値が著しく下落し，回復の見込みがない場合は評価損を計上しなければならないと会社法で定められているので，それに従うべきである。 ・固定資産の減価償却の「毎期継続して，規則的な償却」という表現は，会社法の記載にあわせて「相当の償却」とした方が中小企業にとって柔軟な対応がとれるのではないか。 ・外貨建取引，外貨建金銭債権債務が発生している中小企業は，わずかしか存在しないのではないか。

ワーキンググループ	開催日	審議内容
第5回	2011年5月17日	・有価証券について,「法人税法上の売買目的有価証券」という区分が明示されているが,属性あるいは保有目的に着目した区分なのか,明確にしておく必要があるのではないか。 ・実務上,法人税法上の繰越欠損金との兼ね合いで減価償却を計上せず,毎期一定の割合で減価償却されていないのが現実である。「毎期継続して,規則的な」償却より,「相当の償却」の方が実状に沿っている。耐用年数に関しては必ずしも法人税法に定めるものに従う必要はない。 ・どのような中小企業を想定しているのか明確にすべきである。 ・経営者にとってわかりやすい様式を採用すべきである。 ・中小零細企業において,会計はまだまだ社会的インフラとなっていない。適時に正確な記帳をしてもらうことがスタートラインであり,そのためには中小企業の経営者が対応可能なルールでなければ利用してもらえないのではないか。
第6回	2011年6月22日	・資産・負債の基本的な会計処理について,取得価額,取得原価,取得価格という用語が混在しているため整理することが必要である。棚卸資産については,取得価額とするよりも,取得原価とした方が,購入価額に付随費用を加算した金額という意味になるため,わかりやすい。取得価額は付随費用を含めたものであり,取得価格はプライスそのもの,取得原価は原価配分という概念からくるものであるため,整理する必要がある。 ・有価証券について,逆基準性を避ける観点から,「法人税法上の」という表現は避け,解説にて記載すべきである。 ・引当金について,中小会計指針に記載されている退職給与引当金を10年以内で処理する規定は,本ルールでは記載不要ではないか。

ワーキンググループ	開催日	審議内容
		• 会社法第432条を具現化する意味での試算表の作成頻度等，会社計算規則が求めるもの以外で独自の注記があってもいいのではないか。 • 減価償却は，「相当な償却」とし，解説で「毎期継続的」に行うことと記載するのが望ましいのではないか。
第7回	2011年8月10日	• 全体的に句読点や言葉の統一が必要である。 • 固定資産の減価償却に関して，中小企業においては，規則性は必ずしも必要ではない。減価償却をしなくてよいわけではないが，規則性は相当の減価償却の典型的な例というだけであり，規則的な減価償却に限定するのはおかしい。 • 取得価額と取得原価の使い分けについても明確にすべきである。 • 貸倒損失・貸倒引当金について，「回収不能と見積もられる債権」というのは，全部貸倒のみを指すのか，部分貸倒も含まれているのか。全部貸倒は貸倒損失であり，部分貸倒は貸倒引当金の問題ではないのか。 • 有価証券について，取得原価と記載されているところは，他の記載と整合させ取得価額とすべきである。中小企業の場合，一部の例外を除き，売買目的で有価証券をもつことはないと考えられる。 • 棚卸資産について，「時価が取得原価よりも著しく下落」という部分の取得原価のところは帳簿価額でもいいのではないか。 • 経過勘定について，金額的な重要性の乏しいものについては費用処理することも認められるという記載は，税法で損金として認められないこともあるので，記載しなくてよいのではないか。 • 固定資産について，規則的な償却を前提としない相当の償却とはどのようなものを想定しているのか。

第9章 ■ 「中小会計要領」の策定

ワーキンググループ	開催日	審議内容
		・退職給与引当金の本文では「自己都合要支給額を基に」とし、解説で一定割合と例示する記載が、中小企業にとって最もわかりやすいのではないか。
第8回	2011年9月2日	・収益、費用の基本的な会計処理について、収益計上は原則実現主義によるべきである。 ・有価証券の評価損の計上について、中小企業にとっては、時価の測定だけでも困難であり、回復の見込みまで検証することは負担が大きいと考えられる。 ・固定資産について、規則的な償却を前提としない相当な償却とはどのようなものを想定しているのか。「毎期、規則的に減価償却を行うことが望ましいが、合理的な説明ができる範囲の償却を行うこともできる。」としてはどうか。 ・退職給付引当金について、期末自己都合要支給額の一定割合を計上するという表現については、期末自己都合要支給額を基礎として計上するという表現の方がよいのではないか。 ・中小会計指針と新ルールは選択適用できるという内容を記載した方がよいのではないか。会計参与設置会社でも規模の小さい企業が多いため、中小会計指針によるか新ルールによるかの判断については裁量の余地を残すべきではないか。
第9回	2011年10月7日	・貸倒損失・貸倒引当金について、貸倒損失の計上金額は、債権金額全額ではなく、その法的消滅金額を計上するという解釈でよいか。 ・固定資産について、「相当の減価償却とは、一般的に、耐用年数に渡って、毎期、規則的に減価償却を行うことが考えられる。」という記載でよいのではないか。 ・昭和24年の「中小企業簿記要領」において「正規の簿記の原則」が第一原則、「真実性の原則」が第二原則で

ワーキンググループ	開催日	審議内容
		あった。このことからも中小企業にとって，記帳が重要な意味をもつのではないか。
第10回	2011年12月26日	・中小企業の経営者が，全体の中での自社の位置づけや自社の強み弱みを会計数値から分析できるような会計ルール作りが重要である。 ・中小会計指針の普及策の中で最も効果があったのは，チェックリストによる信用保証協会の保証率割引制度であったが，本要領についても同程度の制度設計がなされなければ普及が難しいのではないか。信用保証協会の割引制度については，チェックリストを税理士にもらうだけで，実際には経営者が会計の内容をまったく理解していないという実態があり，改善の余地がある。
第11回	2012年2月20日	・中小会計指針と中小会計要領はそれぞれの会社の実態に応じて利用すべきものであり，同等のものである。 ・中小会計指針だけ割引制度を行い，中小会計要領については割引制度を実施しないということになると，中小会計指針と中小会計要領に差があるように受け取られかねない。 ・チェックリストの添付等で一定の優遇があるような仕組みが必要である。
第12回	2012年3月16日	・中小企業が，中小会計要領をもとに，貸倒引当金や引当金を計上し，不良在庫についても評価損を計上し，減価償却についても相当の償却を行うということをきっちりとマスターすれば，金融機関における融資審査に貢献するはずである。 ・中小会計要領説明の研修に加え，パンフレット等の設置等，これからの普及・活用を考えると，金融機関や会計専門家の役割は大きい。

出所：中小企業庁・金融庁「中小企業の会計に関する検討会ワーキンググループ議事要旨（第1回～第12回）」をもとに筆者作成。

ここでの検討の論点は，どこまで中小企業の実態を反映した会計処理を行うのか，正規の簿記の原則の位置づけ，「相当の償却」の意味，普及のための方策など，細かい会計処理の規定から，「中小会計要領」の位置づけや普及方法まで，多岐にわたり検討されている。

このような検討が行われた背景として，中小企業の企業属性を反映した会計基準を策定しようという強い意向がワーキンググループと検討会にあったためであると考えられる。

以下において中小企業の企業属性を具体的に述べる。これは，「中小会計要領」の「検討の背景・中小企業の実態」において述べられているものであり，中小企業の企業属性ともとれる内容である。

- 中小企業の資金調達の方法は，資本市場で資金調達を行うことはほとんどなく，地域金融機関やメガバンクなどの金融機関からの借り入れが中心である。
- 中小企業は，所有と経営が一致しており，利害関係者は限られている。
- 計算書類等の開示先は，取引金融機関，主要取引先，既存株主等に限られること。
- 多くの中小企業では，税務申告が計算書類等作成の目的の大きな割合を占め，法人税法で定める処理を意識した会計が行われていること。
- 経理担当者の人数が少なく，高度な会計処理に対応できる能力や十分な経理体制をもっていないこと。

これらの中小企業の企業属性が，「中小会計要領」において，どのように考慮されているのかを以下の図表9-8において示す。

「中小会計要領」は，色濃く中小企業の企業属性を反映しているものと考えられるが，これらの企業属性は，2002年6月に中小企業庁より出された「中小企業の会計に関する研究会報告書」における「Ⅰ．中小企業を巡る現況」，「Ⅱ．中小企業の会計を巡る動向」においてすでに指摘されているものであり，この点において，「中小会計要領」は，「中小企業の会計に関する研究会報告書」に立ち返ったものではないかと考えられる。

第Ⅱ部　我が国における中小企業会計基準

図表 9-8　中小企業の企業属性と「中小会計要領」の関係

中小会計要領の「検討の背景・中小企業の実態」における中小企業の企業属性	中小会計要領に記されている「目的」
①中小企業の資金調達の方法は，資本市場で資金調達を行うことはほとんどなく，地域金融機関やメガバンクなどの金融機関からの借り入れが中心である。	②中小企業の利害関係者（金融機関，取引先，株主等）への情報提供に資する会計。
②中小企業は，所有と経営が一致しており，利害関係者は限られている。	①中小企業の経営者が活用しようと思えるよう，理解しやすく，自社の経営状況の把握に役立つ会計。 ②中小企業の利害関係者（金融機関，取引先，株主等）への情報提供に資する会計。
③計算書類等の開示先は，取引金融機関，主要取引先，既存株主等に限られること。	②中小企業の利害関係者（金融機関，取引先，株主等）への情報提供に資する会計。
④多くの中小企業では，税務申告が計算書類等作成の目的の大きな割合を占め，法人税法で定める処理を意識した会計が行われていること。	③中小企業の実務における会計慣行を十分考慮し，会計と税制の調和を図った上で，会社計算規則に準拠した会計。
⑤経理担当者の人数が少なく，高度な会計処理に対応できる能力や十分な経理体制をもっていないこと。	①中小企業の経営者が活用しようと思えるよう，理解しやすく，自社の経営状況の把握に役立つ会計。 ④計算書類等の作成負担は最小限に留め，中小企業に過重な負担を課さない会計。

出所：中小企業庁・金融庁「中小企業の会計に関する基本要領」をもとに筆者作成。記載項目番号は，「中小企業の会計に関する基本要領」に準ずる。

VI 「中小会計要領」の会計処理の特徴と問題点

　「中小会計要領」は，中小企業の実務で使われている基本的な14項目の会計に限定しており，「中小会計指針」にある「税効果会計」や「組織再編の会計」等は盛り込んでいない。

　また，「中小会計指針」は，「中小会計指針」のみで中小企業の会計事象が解決するように策定されたものであるが，「中小会計要領」は，「中小企業要領」内で解決しない取引事象が生じた場合，他の会計基準を適用してもよいという位置づけで策定されたものである。また「中小会計指針」は，国際会計基準の影響を受け，改訂も毎年行われているが，「中小会計要領」は基本的に改訂を行うことを前提にはしていない。

　「中小会計要領」は，基本的に取得原価評価を原則とし，売買目的有価証券の時価評価が例外規定となる。また，両者とも税法による会計処理を認めているが，「中小会計指針」は条件付きの容認となる。これに対し「中小会計要領」はこのような条件は付されておらず，より税法基準に歩み寄ったものとして策定されている。

　しかし，「中小会計要領」の問題点として，デリバティブなどの項目に関し，ダブルスタンダードとしてよいのかという指摘がある[33]。つまり，税効果会計に関しては，中小企業自身が積極的な意思決定をして取得したものではないのでダブルスタンダードになることは問題ないが，そもそも従来の会計処理を使用できない中小企業がデリバティブを保有してもよいのか[34]という根本的な問題の指摘である。

　さらに，相当の償却に対する問題点の指摘もあり，規則的償却額以下の償却を行うことはいくら法人税法上問題がないとしても保守主義や継続性の原則の観点から問題であるとされている[35]。またこのような処理を容認しておきながら「中小会計要領」に「企業会計原則の一般原則に留意すべきである。」の記載がなされていることに問題があるとの指摘もある[36]。

第Ⅱ部　我が国における中小企業会計基準

　2013年4月より「中小会計要領」適用企業に対する信用保証料率割引制度が開始している。この制度が開始されたことにより，これまで実施していた「中小会計指針」適用企業に対する保証料率の割引は，2013年3月末の申し込みをもって終了している[37]。これにより，「中小会計指針」を適用していた企業が，「中小会計要領」を適用する可能性は非常に高まると考えられる。

注

1) この中小企業簿記要領に関しては，「財政経済弘報」(新聞)1950年2月20日第175号において，中小企業簿記要領の制定経緯，必要性，特徴，青色申告制度等が記されている。
2) 金子 (2013), 55-56頁。
3) 山本 (1986), 12-15頁。
4) この1950年代におけるシャウプ勧告，昭和25 (1950) 年の商法の改正，中小企業簿記要領の策定等については，三枝 (1973)；黒澤 (1981)；山本 (1986)；細田 (1991)；秋坂 (2006)；河﨑 (2009a) 等，さまざまな研究がなされている。
5) 「中小企業の会計に関する基本要領」の略称については，「中小会計要領」とすることが中小企業の会計に関する検討会・第3回検討会において決定された。本章以降これに準ずるものとする。
6) 中小企業庁・金融庁「中小企業の会計に関する検討会報告書（中間報告）」。
7) 我が国における中小企業会計基準については，西川 (2003)；西川 (2005)；武田 (2006a)；武田 (2006b)；河﨑 (2012b)；河﨑 (2012c)；河﨑・万代 (2012) 等，数々の研究がなされている。
8) 中小企業庁・金融庁「中小企業の会計に関する検討会報告書（中間報告）」。
9) 中小企業庁・金融庁「中小企業の会計に関する検討会第1回検討会議事要旨」。
10) 新日本有限責任監査法人 (2008)。
11) 国田 (2008), 167頁。
12) 新日本有限責任監査法人 (2009)。
13) 新日本有限責任監査法人 (2010)。
14) 新日本有限責任監査法人 (2011)。
15) 中小企業庁・金融庁「『中小企業の会計に関する検討会』の設置について」。
16) 中小企業庁・金融庁「『中小企業の会計に関する基本要領（案）』に対する意見募集の結果について」。
17) 中小企業庁・金融庁「中小企業の会計に関する基本要領」，1頁。
18) 中小企業庁・金融庁「中小企業の会計に関する研究会中間報告書」。
　　第1回2010年2月15日，第2回2010年3月12日，第3回2010年4月2日，第4回2010年5月18日，第5回2010年6月17日，第6回2010年7月29日，第7回2010年9月17日の計7回の研究会が行われている。
19) 中小企業庁・金融庁「中小企業の会計に関する研究会中間報告書」。
20) 中小企業庁・金融庁「中小企業の会計に関する研究会中間報告書」。
21) 中小企業において，多くの会計処理が税法の規定に準じて行われているため，税効果会計が適用されることは現実的ではない，回収可能性の見積もりを行うことが困難であるとの

第9章 ■「中小会計要領」の策定

　　　指摘がなされた。
22) 中小企業において，一度時価で算定をした上で，重要性の判断をする二重の事務負担が発生しているとの指摘がなされた。
23) 法人税法による処理と比較すると，中小会計指針に拠った会計処理は，中小企業の事務負担が大きいのではないか，決算の時点で，売買目的ではないその他有価証券の時価評価による未実現損益を計上することは，中小企業の経営者にとって本業の経営実態がわかりにくくなる等の弊害があるのではないかとの指摘がなされた。
24) 日本商工会議所，日本税理士会連合会，日本公認会計士協会，日本経済団体連合会，企業会計基準委員会「非上場会社の会計基準に関する懇談会」。
　　　第1回2010年3月4日，第2回2010年4月7日，第3回2010年5月24日，第4回2010年6月24日，第5回2010年7月30日の計5回が行われている。
25) 日本商工会議所，日本税理士会連合会，日本公認会計士協会，日本経済団体連合会，企業会計基準委員会「非上場会社の会計基準に関する懇談会」。
26) 日本商工会議所，日本税理士会連合会，日本公認会計士協会，日本経済団体連合会，企業会計基準委員会「非上場会社の会計基準に関する懇談会」。
27) 河﨑（2011a），39頁。
28) 中小企業庁・金融庁「中小企業の会計に関する検討会議事要旨（第1回～第4回）」。
29) 中小企業庁・金融庁「中小企業の会計に関する検討会 委員等名簿」。
30) 中小企業庁・金融庁「中小企業の会計に関する検討会 ワーキンググループ委員等名簿」。
31) 中小企業庁・金融庁「中小企業の会計に関する検討会『中小企業の会計に関する基本要領（案）』に対する意見募集の結果について」。
32) 13団体，23個人から計152件のコメントが寄せられている。「有形固定資産の減価償却に関し，「相当の減価償却」としているが，対象となる資産項目，償却期間について，具体的に明示すべきである。」など計75項目に及ぶ内容のコメントが寄せられている。
33) 佐藤（2012），37頁。
34) 佐藤（2012），37頁。
35) 佐藤（2012），37頁。
36) 佐藤（2012），36頁。
37) 信用保証協会の中小企業の会計処理による割引の適用要件については，「中小会計要領」のすべての項目について，財務諸表の作成に携わった公認会計士または税理士が適用状況を確認した書類を提出した場合，もしくは，会計参与を設置している旨の登記を行った事項を示す書類を提出した場合，公認会計士または監査法人の監査を受けたことを示す監査報告書の写しを提出した場合である。

第 10 章

日本・韓国・アメリカの動向と我が国における中小企業会計基準の今後の展望

I 韓国・アメリカの新たな中小企業会計基準策定の動き

　同じアジアの国であり，full IFRS をアドプションし，我が国と同じく確定決算主義を維持している韓国の中小企業会計基準の動向を取り上げる。韓国では，非上場企業に対し，自国基準「一般企業会計基準」が適用されているが，現在さらに新しい自国の中小企業会計基準が策定され，適用が開始している。

　また，アメリカにおいても，IFRS for SMEs の策定を受けて緊急に自国の中小企業向け会計基準を策定する動きがあったが，現在さらにもう１つの自国の中小企業会計基準策定の動きがあり，これが策定されれば，国内に２つの中小企業会計基準が併存することとなる。

　以下において我が国と同様に，２つの自国の中小企業会計基準策定の動きをみせる韓国とアメリカの現状を明らかにし，我が国における中小企業会計基準の今後の動向を検討する。

II ３国における中小企業会計基準の策定経緯

　まず日本，韓国，アメリカの３国の中小企業会計基準と IFRS for SMEs の適用対象企業を明らかにし，その上で各中小企業会計基準の策定経緯を明らかにする。

1 適用対象企業

　IASB は，IFRS for SMEs の適用対象企業を定義するにあたり質的基準を明確に示している。社会的な説明責任をもつかどうかが鍵となり，適用対象企業を「公的説明責任を有さず，かつ外部の財務諸表利用者に一般目的財務諸表を公表する企業」としている[1]。

　韓国の２つの中小企業の会計基準「一般企業会計基準」と「中小企業会計

基準」の適用対象企業の定義は以下である[2]。非上場の大企業（上場企業を除いた企業であり中小企業法[3]による中小企業でない企業）や非上場の中小企業（中小企業法による中小企業）であり，外監法[4]の適用対象企業は「一般企業会計基準」の適用対象企業となる。非上場の中小企業（中小企業法による中小企業）であり，外監法の適用対象ではない企業は「中小企業会計基準」の適用対象となる。

　アメリカにおいても2つの中小企業の会計基準（フレームワーク）が存在するが，そのうちの1つである「Private Company Decision-Making Framework」の適用対象企業は，基本的にはUS-GAAPに基づいた財務諸表の作成を要請されていない非公開企業である。米国財務会計基準審議会（FASB）は「Private Company Decision-Making Framework」の適用対象企業を定義するため，新しく公開営利企業を定義した[5]。従来の公開企業の定義と新たな公開営利企業の定義の両者に該当しない企業が「Private Company Decision-Making Framework」の適用対象企業である。さらにもう1つの会計基準である「FRF for SMEs」の適用対象企業は，フレームワークにおいて示されている。質的基準を示し，適用対象企業を「US-GAAPによる財務諸表の作成を要請されない企業」，「大多数の所有者・管理者に株式公開の意図がない企業」，「営利目的企業」等としている[6]。

　日本の「中小会計指針」，「中小会計要領」の適用対象企業は，「上場会社・金商法開示会社・会社法上の大会社を除く企業」となり，2つの会計基準の棲み分けは規定されていない[7]。

2 アメリカにおける中小企業会計基準策定の経緯

　アメリカでは現在，非公開企業評議員会（PCC）による中小企業会計基準の策定と，米国公認会計士協会（AICPA）による中小企業会計基準の策定の2つの動きがある[8]。以下においてまずPCCによる中小企業会計基準策定の動きを述べる。

(1) BRPの設置

アメリカでは非公開企業に対し，従来OCBOAと称される会計基準が適用されていた。このOCBOAについては，AICPAより手引書が出され，これが，中小企業の会計基準として事実上機能していた[9]。

しかし，IASBによるIFRS for SMEs策定開始に応じるかのごとく，新たな非公開企業向けの会計基準の策定が始まった。まずFASBは，非公開企業会計基準策定にあたり，非公開企業関係者の意見を聞くために2006年6月に非公開企業財務報告委員会（PCFRC）を設置した[10]。さらに2009年12月にAICPA，財務会計財団（FAF，FASBの親組織）と全米州政府会計審議会連合会（NASBA）が，BRPを設置した。このBRPは，FAF評議委員会（FAF Trustees）に将来的な非公開企業の標準的な会計基準を提供することを任されており[11]，非公開企業がUS-GAAPを適用する際，会計基準の複雑性や負担が大きいことを認識し検討を行っている[12]。

(2) BRPの会議内容とプロセス

BRPは計5回の会議を行い，このうちの第2回会議ではIFRS for SMEsを取り上げ，今後策定する会計基準をIFRS for SMEsに匹敵するものにするか等を検討し，IFRS for SMEsを意識した審議を行っている[13]。BRPでは，これらの会議において，現行のUS-GAAPでは，非公開企業の財務諸表のユーザーに適合しない会計処理が多くあるとし，推薦すべき新たな会計基準の策定形式と構造を検討している[14]。

(3) BRPが推薦する会計基準の策定形式と構造

BRPでは，新たな会計基準の策定方法としていくつかのモデルを検討している。「US-GAAPから例外・修正を認める会計基準として策定する」，「アドオン基準として策定する」，「独立した別個の会計基準として策定する（カナダ勅許会計士協会［CICA］ガイドブックのフレームワークに基づいて会計基準を策定する）」，「独立した別個の会計基準として策定する（非公開企業のフ

レームワークを策定し，これに基づいて会計基準を策定する）」，「full IFRS を適用する」，「IFRS for SMEs を適用する」等が検討されている[15]。この検討過程においても BRP が IFRS for SMEs を意識し，審議していることがうかがえる[16]。

時間がかかりすぎるということと，比較可能性の観点から「独立した別個の会計基準として策定する」という案は却下され，さらに「full IFRS と IFRS for SMEs の適用」に関しては，現在公開企業に対し適用を検討している最中であり，非公開企業に先に適用させるのは時期尚早であるとし，却下している[17]。そこで「US-GAAP から例外・修正を認める会計基準」が採用され，BRP は，2011 年 1 月に BRP 報告書を提出している。

(4) PCC が設置されるまでの過程[18]

FAF は，BRP 報告書を受け 2011 年 10 月 4 日に「非公開企業の会計基準を改善する計画」を出し，非公開企業会計基準改善会議（PCSIC）を設置するかどうかコメント募集している[19]。2012 年 3 月 9 日時点で，FAF は，7,367 通のコメントレターを受け取っている[20]。回答者の約 63％は PCSIC の設立に反対であり，反対者の大半は「独立した別個の会計基準を策定すること」を希望していた。また「過去に，PCFRC と FASB との連携がうまくいかなかったため，今回も連携が難しいのではないか。」，「FASB から完全に独立した組織として設立すべきである。」などの意見もあった[21]。

2012 年 5 月 23 日に，FAF 評議委員会は，PCC の設立をプレスリリースした[22]。コメントレターの受付，円卓会議 4 回（60 人参加），ウェブによる討議（316 人参加）において審議が重ねられた結果である。最初の提案段階では，PCSIC の設立に関し賛成意見が大半であると思われたが，コメントレターにおいて反対意見が多数出る結果となった。そこで，この結果を考慮し，PCC として設立することとなったのである。しかし，PCC 議長は FASB メンバーであり[23]「FASB から完全に独立した組織として設立すべきである。」という意見は反映されてはいない。

(5) Private Company Decision-Making Framework の公表[24]

　PCCとFASBは，討議資料「Private Company Decision-Making Framework」を2012年7月31日付で公表し，コメントレターの締め切りの後，再度改訂版を2013年4月15日に出している。そしてファイナルガイドとして最終版「Private Company Decision-Making Framework A Guide for Evaluating Financial Accounting and Reporting for Private Companies」を2013年12月23日に公表している。これは，非公開企業の目的適合性や利害関係者等，コスト・ベネフィットを考慮し，現行の公正価値評価が非公開企業にとって有用でないことを認識した上で策定されている。基本的にUS-GAAPから例外・修正を認める会計基準を提案している。

図表10-1　PCCとFASBによる中小企業会計基準の策定経緯

- 2006年6月，非公開企業財務報告委員会：PCFRCが設置された。
- 2009年12月，AICPA，FAFとNASBAがBRPを設置した。
- BRPでは，会議を5回行っている。第1回会議：ニューヨーク：2010年4月12日，第2回会議：ノーウォーク：2010年5月14日，第3回会議：シカゴ：2010年7月19日，第4回会議：ニューヨーク：2010年10月8日，第5回会議：ノーウォーク：2010年12月10日
- BRPは，2010年8月5日に，非公開企業の会計基準に関する質問事項を公表し，コメントレターを募集した。多くの公認会計士，監査法人が回答している。
- BRPは，2011年1月にBRP報告書を提出した。
- FAFは，2011年10月4日に「非公開企業の会計基準を改善する計画」を出し，PCSICを設置するかどうかコメント募集している（コメント締め切り，2012年1月14日。結果，2012年5月に採択されている）。さらにFAFは，PCSICを設立し投資家等の意見を聞くため，4回の公開の円卓会議を開いている。第1回会議：アトランタ：2012年1月18日，第2回会議：フォートワース：2012年1月26日，第3回会議：パロアルト：2012年2月7日，第4回会議：ボストン：2012年3月2日
- 2012年5月23日に，FAF評議委員会は，PCCの設立を承認した。最終的な決定は2012年5月30日，プレスリリースを通して発表された。

第 10 章 ■ 日本・韓国・アメリカの動向と我が国における中小企業会計基準の今後の展望

- PCC において以下の期間に PCC のフレームワーク策定についての会議が行われている。第 1 回会議：2012 年 12 月 13 日，第 2 回会議：2013 年 2 月 6 日，第 3 回会議：2013 年 2 月 12 日
- 討議資料を 2012 年 7 月 31 日付で公表した（コメント締め切り，2012 年 10 月 31 日）。
- 第 1 回目の討議資料コメントレターの締め切り後，再度改訂討議資料を 2013 年 4 月 15 日に出している（コメント締め切り，2013 年 6 月 21 日）。
- 最終版が，2013 年 12 月 23 日に公表された。

出所：AICPA（2013b）；FAF（2011b）；FAF（2011c），Focus on Private Company Issues, Formation and Membership；FAF（2012b）；FASB（2012）；FASB（2013c）Private Company Council, Guide1: Determining Recognition and Measurement Guidance；浦崎（2013）；河崎（2012b）；川西（2011b）をもとに筆者作成。

（6）AICPA による新たな非公開企業向けの会計基準策定の動き[25]

　上述のようにアメリカでは PCC と FASB による「US-GAAP から例外・修正を認める会計基準」を策定する動きがある一方，AICPA による新たな会計基準策定の動きがある。2012 年 5 月 23 日，AICPA は，新しい「独立した別の会計基準」の策定を進めていることを公表した。AICPA は「Private Company Decision-Making Framework」の策定に協力していながら，新たな会計基準策定を進めているのである。AICPA はどのような意図でこのような動きをみせるのであろうか。この問いに対し AICPA は次のように答えている[26]。「AICPA および PCC は両者とも非公開企業向けの会計基準を策定しようとしているが，これらの 2 つの会計基準の策定の目的が異なる。」とし，決して PCC と対立する意向ではないことを強調している。

　非公開企業は，基本的に US-GAAP に準拠した財務諸表作成の義務はないが，金融機関等の要請により US-GAAP を適用する場合がある。このような場合，ある程度規模の大きな中規模企業に PCC が策定した「Private Company Decision-Making Framework」を適用させること，このような必要がない場合，小規模企業に対しては AICPA が策定する新たな会計基準を適用させることを AICPA は想定していると解される。

　2012 年 11 月に「FRF for SMEs」の公開草案が公表されたが，公開草案の

表紙に「The Financial Reporting Framework for Small- and Medium-Sized Entities reproduces substantial portions of the CICA Handbook © 2012（以下省略）.」と示し，CICA のハンドブックを複製したものであることを明らかにしている[27]。ここから，BRP において以前審議された会計基準のモデルのうち「独立した別個の会計基準として策定する（カナダの CICA ハンドブックのフレームワークに基づく）」の案を採用して策定されたものであることがわかる[28]。「FRF for SMEs」は非公開企業のための独立した会計基準であり，適用を強制されるものではなく任意のものであり，取得原価評価が基本である[29]。完成版が 2013 年 6 月に正式に公表されているが，序文の中に独立した会計基準として策定されたこと，一般に公正妥当と認められる特別目的フレームワークであり，その他の包括的会計基準（OCBOA）の 1 つとして策定されたことが記されている[30]。AICPA が「FRF for SMEs」を策定した背景には「OCBOA を公式化する狙い」があり[31]，さらには「OCBOA の制度化を進め，監査と連携させることにより中小企業会計基準の構築をはかろうとしている[32]」と解される。

3 韓国の中小企業会計基準策定の経緯

韓国においてもアメリカと同様，2 種類の会計基準策定の動きがみられる。以下において韓国における中小企業会計基準策定の動きを述べる。

図表 10-2　韓国の中小企業会計基準策定経緯

- 1999 年 9 月 1 日に韓国会計基準院（KAI）が設置され[*1]，KAI の中に設置された韓国会計基準委員会（KASB）により，IAS や full IFRS に準拠した企業会計基準報告書が策定された[*2]。
- 2007 年に full IFRS のアドプションに向け「国際会計基準導入のロードマップ」を公表し[*3]，2009 年に K-IFRS[*4] の任意適用を始めた[*5]。
- 2011 年 1 月 1 日より資産 2 兆ウォン以上を有する上場企業に対し連結・単体財務諸表ともに K-IFRS による作成が義務づけられた[*6]。K-IFRS の適用対象企業はすべての上場企業と金融機関である[*7]。

- 非上場企業向けの「一般企業会計基準」*8 は，full IFRS のアドプションと同じく，2011年1月1日を開始とする事業年度以降適用された*9。非上場企業にはK-IFRS は適用されず，「一般企業会計基準」が適用されることとなった。
- 新たに韓国国内においてさらなる中小企業向け会計基準「中小企業会計基準」が策定され*10，2014年1月1日に施行されている。

*1 キム・権・杉本訳 (2001), 105頁。
*2 杉本・趙編著 (2011), 1-2頁。
*3 杉本 (2008), 159頁。
*4 杉本・趙編著 (2011), 5頁。K-IFRS は「韓国採択国際会計基準」の通称である。
*5 杉本・趙編著 (2011), 4頁。
*6 国際会計研究学会 (2011), 52頁。
*7 杉本・趙編著 (2011), 4頁。
*8 中小企業庁「諸外国における会計制度の概要」, 27頁。
*9 杉本・趙編著 (2011), 18頁。
*10 韓国KPMG (2012).
出所：韓国KPMG (2012)；キム・権・杉本訳 (2001), 105頁；国際会計研究学会 (2011), 52頁；杉本・趙編著 (2011), 1-2頁；杉本 (2008), 159頁；中小企業庁「諸外国における会計制度の概要」をもとに作成。

非上場企業向けの「一般企業会計基準」は，上場企業に対し full IFRS がアドプションされた時期と同じく，2011年1月1日を開始とする事業年度以降適用されている。また，当時上場企業と非上場企業において会計基準が異なることによる二元化が懸念されたが，これに関しては「非上場企業に対し長期的に IFRS for SMEs との一致を図る」としていた[33]。しかし現在，韓国において早急に IFRS for SMEs と一般会計基準を一致させる動きはなく，新たな「中小企業会計基準」が2014年1月1日に施行されている[34]。

4 日本の中小企業会計基準策定の経緯

日本ではバブル経済崩壊以降，中小企業の資金調達形態が変化し，中小企業の収益性を金融機関が重視する傾向が生じてきた。そこで中小企業が金融機関等の信頼を得て円滑に資金調達を行うため，中小企業のための適切な会計基準が必要となり，中小企業庁が2002年6月28日に「中小企業の会計に関する研究会報告書」を公表[35]，日本税理士会連合会が，2002年12月19日に「中小会社会計基準研究会報告書」を公表[36]，日本公認会計士協会が，2003年6月2日に「中小会社の会計のあり方に関する研究報告」を公表[37]す

ることとなった。しかし3者の報告書が策定されたことにより、中小企業はどの会計基準を優先すればよいのかわからなくなり、実務上混乱が生じた[38]。そこで、この3者の報告書を統合する必要性が生じ、2005年8月1日、日本税理士会連合会、日本公認会計士協会、日本商工会議所、企業会計基準委員会より「中小会計指針」が公表された[39]。「中小会計指針」にはシングルスタンダードの考えが根底にあり、基本的には、企業会計基準と同じ会計処理を要請している。しかし、これが会計処理の選択の幅を狭めており、「中小会計指針」の普及が思わしくないという事態が生じた。そこで、2012年2月1日に、新たに中小企業庁・金融庁より「中小会計要領」が公表されるに至ったのである[40]。また「中小会計指針」と「中小会計要領」は両者とも適用を強制されるものではなく、あくまで任意適用である。

III 3国における中小企業会計基準の検討

3国の中小企業会計基準の策定方法と基準内容を「トップダウン・アプローチとボトムアップ・アプローチの視点」と「国際会計基準導入形態の視点」から検討する。

1 トップダウン・アプローチとボトムアップ・アプローチの視点からの検討

中小企業会計基準の策定において、トップダウン・アプローチとボトムアップ・アプローチという表現が用いられる[41]。河﨑氏は「トップダウン・アプローチは大企業向けの会計基準から出発し、簡素化・除外することによって中小企業会計基準を策定する方法。」とし、「ボトムアップ・アプローチは中小企業の属性[42]を検討することから出発し、中小企業会計基準を策定する方法。」と定義している[43]。この定義は、一見「策定方法」に関してのみ定義しているように思われるが、「中小企業の属性を検討する」という表現から、会計基準の内容自体が中小企業の属性を反映した会計処理を要請するという基

準内容面での示唆も行っていると解される。実際，日本の「中小会計要領」は，税法による処理を取り入れ，取得原価評価を採用した中小企業の企業属性を反映する会計基準となっている。

そこでトップダウン・アプローチとボトムアップ・アプローチを「策定方法」と「基準内容」の2つの側面から検討し，3国の中小企業会計基準とIFRS for SMEsが，それぞれどのアプローチに該当するのかを明らかにする。まず，「策定方法」の側面から検討すると，トップダウン・アプローチとボトムアップ・アプローチとは図表10-3のように定義できる。

また「基準内容」の側面では，中小企業の企業属性を反映した会計処理基準を採用しているかどうかで決定されると解される。

図表10-3 「策定方法」の側面からみた　トップダウン・アプローチとボトムアップ・アプローチ

側面	トップダウン・アプローチ	ボトムアップ・アプローチ
策定方法	大企業向けの会計基準から，中小企業に不要な会計処理の簡素化・除外を行い，中小企業の会計基準を策定する。	中小企業において従来行われている会計慣行を考慮し，中小企業の会計基準を策定する。

出所：河﨑（2010），747-748頁；山下（2012），49-72頁；中小企業庁「中小企業会計に係る論点について」，23頁を検討し筆者作成。

図表10-4 「基準内容」の側面からみた　トップダウン・アプローチとボトムアップ・アプローチ

側面	トップダウン・アプローチ	ボトムアップ・アプローチ
基準内容	シングルスタンダードの考えが根底にあり，基本的な会計処理は大企業向けの会計基準と同じである。公正価値評価が採用され，IFRSの影響を受ける傾向が強い。	税法の処理，取得原価評価が採用されている。中小企業の企業属性を反映し簡便な会計処理が採用されている。IFRSの影響を回避する傾向が強い。

出所：河﨑（2010），747-748頁；山下（2012），49-72頁；中小企業庁「中小企業会計に係る論点について」，23頁を検討し筆者作成。

第Ⅱ部　我が国における中小企業会計基準

次に，上述の2つの側面による検討をもとに，3国の中小企業会計基準とIFRS for SMEs がそれぞれどのアプローチに当てはまるのかを検討する。

図表 10-5　「策定方法」の側面から

会計基準	策定方法
IASB「IFRS for SMEs」	full IFRS を簡素化・除外することにより分量を減らす形で策定されたものである。この点においてトップダウン・アプローチである。
アメリカ「Private Company Decision-Making Framework」	US-GAAP を簡素化することを提案している。この点においてトップダウン・アプローチである。
アメリカ「Financial Reporting Framework for Small- and Medium-Sized Entities」	独立した会計基準，OCBOA の1つとして策定されたものである。この点においてボトムアップ・アプローチである。
韓国「一般企業会計基準」	K-GAAP を簡素化したものである。K-GAAP は，IFRS 導入以前は上場企業・非上場企業両者に対し適用されていた基準である。この点において純粋なトップダウン・アプローチとは言い難いものである。
韓国「中小企業会計基準」	一般企業会計基準をさらに簡素化し，約10分の1の分量に減らしたものである。この点において純粋なトップダウン・アプローチとは言い難く，また純粋なボトムアップ・アプローチとも言い難いものである。
日本「中小会計指針」	企業会計基準を簡素化し策定されている。この点において，トップダウン・アプローチである。
日本「中小会計要領」	従来から行われていた中小企業の会計慣行を十分に考慮してから策定されている。この点においてボトムアップ・アプローチである。

出所：IASB（2009h）；FASB（2013c）；AICPA（2013a）；「一般企業会計基準（杉本氏による提供資料）」；「中小企業会計基準（杉本氏による提供資料）」；日本税理士会連合会・日本公認会計士協会・日本商工会議所・企業会計基準委員会「中小企業の会計に関する指針」；中小企業庁・金融庁「中小企業の会計に関する基本要領」をもとに各会計基準の策定方法を検討し筆者作成[44]。

図表 10-6 「基準内容」の側面から

会計基準	基準内容
IASB「IFRS for SMEs」	ある程度，取得原価評価と公正価値評価との選択適用が認められている。また full IFRS と概念フレームワークがほぼ同じである。この点においてトップダウン・アプローチである。
アメリカ「Private Company Decision-Making Framework」	認識と測定について US-GAAP を簡素化したものとして策定することを提案しており，今後取得原価評価と公正価値評価との選択適用が認められることとなると予想される。この点においてトップダウン・アプローチである。
アメリカ「Financial Reporting Framework for Small- and Medium-Sized Entities」	取得原価評価が基本であり，従来の会計慣行が採用されている。さらに会計上の利益と税務上の利益が近づけられている。基本的に改訂をしない安定したフレームワークとして策定されている。この点においてボトムアップ・アプローチである。
韓国「一般企業会計基準」	従来の K-GAAP を修正補完し，簡素化した基準である。過年度の誤謬について修正が必要な場合，遡及的修正再表示を要求しているなどの特徴がみられる。この点においてトップダウン・アプローチである。
韓国「中小企業会計基準」	一般企業会計基準をさらに簡素化し，分量を減らしたものである。資産評価は，原則取得原価評価であり，法人税の適用も一部認めている。また，過年度の誤謬について修正が必要な場合，遡及的でなく，当期の営業外損益において前期の誤謬修正として会計処理する。この点においてボトムアップ・アプローチである。

会計基準	基準内容
日本「中小会計指針」	企業会計基準と同じ会計処理を要請し公正価値評価，包括利益を含んだ基準として策定されている。この点においてトップダウン・アプローチである。
日本「中小会計要領」	中小会計要領は国際会計基準の影響を回避し，確定決算主義を維持し，法人税法を中心とした会計処理を採用している。また原則取得原価評価を要請している。さらに大企業向けの会計基準の変更に影響を受けないものとして策定されている。この点においてボトムアップ・アプローチである。

出所：IASB（2009h）；FASB（2013c）；AICPA（2013a）；「一般企業会計基準（杉本氏による提供資料）」；「中小企業会計基準（杉本氏による提供資料）」；日本税理士会連合会・日本公認会計士協会・日本商工会議所・企業会計基準委員会「中小企業の会計に関する指針」；中小企業庁・金融庁「中小企業の会計に関する基本要領」をもとに各会計基準の内容を検討し筆者作成[44]。

2つの側面からの検討の結果，3国は「基準内容」の側面においては，トップダウン・アプローチとボトムアップ・アプローチによる会計基準が併存している。しかし，「策定方法」の側面においては，韓国が純粋なトップダウン・アプローチもしくは純粋なボトムアップ・アプローチによる策定とは言い難いものである。

2 国際会計基準導入形態の視点からの検討

上述の3国における2種の中小企業会計基準策定の動きの背景には，各国のIFRSの導入戦略やIASBによるIFRS for SMEsの策定の影響があると解される。そこで，3国のIFRSへの対応を宗田氏の研究をもとに明らかにする。

宗田氏は，各国のIFRSの取り込み方法や導入戦略・依存度を類型化している[45]。これによればアメリカはIFRSの依存度が最も低くIFRSの適用をしないという方針を打ち出している。また，日本は「IFRSと同一の基準を任意

適用で使用しており，エンドースメント手続きがある」に分類され，アメリカに次いでIFRSへの依存度が低いものと分類されている。韓国では「IFRSと同一内容の基準をアドプションし，全上場企業（一部企業）に適用しているがエンドースメント手続きがある」に分類され，IFRSの依存度は，IFRSを全面適用しているフィジーやメキシコ等に次いで高いものと分類されている。

　アメリカでは，2006年より非公開企業向け会計基準の策定がみられる。FAFによりBRPが設立され，トップダウン・アプローチ（「策定手法」・「基準内容」の両側面から）による会計基準策定の動きがみられた。トップダウン・アプローチによる会計基準策定の理由としては，「急を要する」という表現が各審議過程においてみられることから，策定を急いでいたことがあげられる。またBRPやPCCの設立に関する審議過程において，頻繁にIFRS for SMEsに関する表現がみられる。IASBによるIFRS for SMEsの策定が少なからずアメリカの中小企業会計基準策定に影響を及ぼしているものと解される。

　IFRS for SMEsは，自国において中小企業会計基準を有していない国々に受け入れられている傾向があり，アメリカにおいても自国の中小企業会計基準が無ければIFRS for SMEsを受け入れざるを得なくなると考え策定を急いだのではないだろうか。アメリカは，IFRSの導入に際しコンドースメントアプローチを提唱しているが，これは事実上のアドプションの見送りである。この動きの中で，自国の中小企業会計基準の策定を急いだのである。しかしPCSICの設立や，トップダウン・アプローチによる中小企業会計基準策定に関し反対意見が出され順調な会計基準策定過程をたどっているとはいえない。この状況下，AICPAによりボトムアップ・アプローチ（「策定手法」・「基準内容」の両側面から）による会計の策定が始まったのである。これには，中小企業の会計慣行を会計基準として確立させることと，通常の業務ではボトムアップ・アプローチによる会計基準で十分であることから，中小企業の負担を減らすねらいがあったものと解される。

　一方，韓国は，full IFRSを積極的に導入している。韓国は，アジア通貨危

機における経済破綻を立て直すため上場企業に対し full IFRS を早急に導入したのである[46]。しかし，非上場企業に対して full IFRS や IFRS for SMEs が導入されることはなかった。いくら full IFRS を積極的に導入する姿勢をとったとしても，中小企業の多様性や企業能力を考慮すれば full IFRS の導入は難しいと判断したのではないだろうか。K-GAAP は，韓国の上場，非上場企業両者において適用されていた会計基準であり，そのまま非上場企業に対しては K-GAAP を適用することもできたはずである。しかし「一般企業会計基準」を早急に策定することで対応している。これは，当時問題視されていた「会計基準の二元化」を懸念し，さらには積極的な IFRS の導入姿勢を示し，「いずれ IFRS for SMEs とコンバージェンスさせる」という方針を表明するためであったと解される。しかし，「一般企業会計基準」が非上場企業にとって高度すぎるということから「中小企業会計基準」が策定されるに至っている[47]。

　日本においては，バブル経済崩壊後，中小企業の将来的な収益性を重視する動きがあり中小企業会計基準の策定が始まった。大企業に対しては full IFRS とのコンバージェンスが進められたが，この結果中小企業が対応できない会計処理が多々出てくることとなり，トップダウン・アプローチによる「中小会計指針」が策定されたのである[48]。ところが，中小企業が「中小会計指針」に対応できず，期待されるほど普及しなかった[49]。そこで，full IFRS の影響を完全に排除した「中小会計要領」が策定されるに至っている。この「中小会計要領」が策定された当時，アメリカが full IFRS のアドプションを延期し，日本においてもこれに応じるかのごとく full IFRS のアドプションが見送られた[50]。このような動きの中で，中小企業に対し IFRS for SMEs を含めた国際会計基準，IFRS を適用させることが現実的に難しくなっていったのである。そこで IFRS を完全に排除した中小企業属性を反映した「中小会計要領」策定へと向かっていったと解される。

Ⅳ 我が国における今後の中小企業会計基準の展望

　IASBは，世界的にIFRSを広める手段としてIFRS for SMEsを策定した。このIFRS for SMEs策定の動き，世界各国のIFRSアドプションの動きを受けて日本，韓国，アメリカでは中小企業会計基準の策定が検討された。検討された当時，3国のIFRSへの依存度は異なり，特に韓国とアメリカにおける導入の姿勢は対照的であった。韓国では，国の経済をいち早く立て直すため時間的な制約もあり，早くに策定できる方法をとったのである。韓国は日本と同じく確定決算主義を導入している。日本において，確定決算主義がIFRSの導入の際の問題の1つである。韓国では，IFRSを導入する際，いち早く税法を修正することでこの問題にも対応している。さらに新たな「中小企業会計基準」においても，「一般企業会計基準」を修正するという策定方法を採用し，早くに対応できる策をとっている。韓国では，早期に対応するということに重点を置き，「策定方法」面において純粋なボトムアップ・アプローチ，トップダウン・アプローチによる基準策定をせず，「基準内容」面においては，他の2国と同様のボトムアップ・アプローチによる会計基準を策定するという効率的な方法をとったと解される。

　アメリカでは，IFRSの依存度は極めて低く，IFRS for SMEsの策定を受け，早急にトップダウン・アプローチによる会計基準を策定しようとした。これは，IFRS for SMEsを受け入れざるを得なくなる状況を回避したかったからであろう。IFRS for SMEsは，IFRS for SMEsを適用するSMEが将来的に上場した際，full IFRSに移行することを目的として策定されていることをアメリカは熟知していたのではないだろうか。そこで，早急にこのような措置をとったと解される。その後，従来の中小企業の会計慣行を考慮したボトムアップ・アプローチによる中小企業会計基準策定の動きが新たに始まったのである。

　日本では，「中小会計指針」が策定された当時，IFRSの依存度は極めて低

かったが，シングルスタンダードの考えが根強くあり，IFRSの影響を受けたトップダウン・アプローチによる会計基準がまず策定された。しかし，その後日本においても中小企業属性を反映し，IFRSを完全回避し，税法基準・取得原価評価を取り入れたボトムアップ・アプローチによる「中小会計要領」が策定され，中小企業の企業能力に見合った[51]会計基準として現在普及しつつある。

　IFRS導入を積極的に行う韓国，アドプションを一旦見送ったアメリカ・日本において，それぞれIFRSに対する対応や依存度は異なるものの，結果としてボトムアップ・アプローチ（「基準内容」の側面から）により会計基準が策定されるに至っている。これは，中小企業の企業属性に負うところが大きいのではないだろうか。IASBは戦略的にIFRS for SMEsを策定したが，このIFRS for SMEsの策定により「full IFRSを世界にコンバージェンスさせる」という目的を達成できたかどうかは疑問である。中小企業は多種多様であり規模もさまざまである。また世界の中小企業は，各国さまざまな特徴を有しており，大企業のように会計基準を国際的に統一すること自体が難しいのではないだろうか。

　今後，3国において2つの中小企業会計基準の棲み分けが問題となるであろう。韓国では，適用対象企業が明確に区分されているため2つの中小企業会計基準の併存の可能性があるが，アメリカと日本においては適用対象企業の線引きが曖昧，もしくは線引きがなされていないため，簡単な中小企業会計基準のみを中小企業が適用する方向に向かうことは十分に予想できる。日本では「中小会計要領」が普及していくことが予想されるが，会計参与制度が制度として存在するかぎり「中小会計指針」の適用可能性は理論上残されると考えられる。これに関しては，今後実際の中小企業会計基準の適用状況等のヒアリング調査を行い，実態を調査する必要があると考えている。

注

1) IASB（2009h），*Section 1.2*；IASB（2009d），*Background and Tentative Decisions to*

Date,Stand-alone document.
   　IASBは,IFRS for SMEsを約50人の従業員を雇用する典型的なSMEを対象としたものとしているが,量的基準によりSMEを規定するという意味ではない。
2) 新日本有限責任監査法人（2012），28-30頁。
3) 「中小企業基本法施行令第3条」では,中小企業を「常時勤労者数が1千名以上」,「資産総額が5千億ウォン以上」,「自己資本が1千億ウォン以上」等に当てはまる企業を除くと規定している。
4) 「株式会社の外部監査に関する法律（外監法）」では,「直前事業年度末の資産総額が100億ウォン以上である株式会社等を対象企業とする」と規定している。
5) FASB（2013a），pp.5-6；あずさ監査法人（2014），3頁。
   　新たな定義では「SECに財務諸表を提出するまたは送付することがSECから要求されているか実際にSECに財務諸表を届け出ているまたは提出している企業」等5つがあげられている。
6) AICPA（2013a），*Certain Characteristics of Small- and Medium-Sized Entities Utilizing the FRF for SMEs Accounting Framework*, pp.6-7.
7) 日本商工会議所・日本税理士会連合会・日本公認会計士協会・日本経済団体連合会・企業会計基準委員会「非上場会社の会計基準に関する懇談会報告書」，20頁。
8) アメリカの委員会等の日本語の名称については川西（2011b）に準ずるものである。
9) AICPA（2013b）；SEC（2013）；河﨑（2012b），53頁；国際会計研究学会（2011），116頁。
10) FAF（2011c），*Authority and Critical Responsibilities*, p.1；川西（2011b），35頁。
11) FASB（2012），*History of Establishing the PCC.*；川西（2011b），35頁。
12) FAF（2011b），*I. Executive Summary.*
13) FAF（2011b），*APPENDIXB, BRP Process Agendas, Outreach, and Invited Guests, I. Meetings Agendas and Minutes.*
14) FAF（2011b），p11.
15) FAF（2011b），*Overview of Models and Structures*, p13；川西（2011a），107頁。
16) FAF（2011b），*Report to the Board of Trustees of the Financial Accounting Foundation*, pp.G1-G17, pp.9-14.
    　BRPは2010年8月5日にコメントレターを募集し「IFRS for SMEsを適用することにより目的適合性に関する問題は解決しますか。」等,IFRS for SMEsを意識した質問を行っている。
17) FAF（2011b），*Report to the Board of Trustees of the Financial Accounting Foundation*, pp.G1-G17, pp.9-14.
18) FAF（2011c），*Focus on Private Company Issues, Formation and Membership*, p8.
19) FAF（2011c），*Comment Letter Summary, Overview*, p7.
20) FAF（2011c），p9.
21) FAF（2011c），p9；川西（2011b），35頁。
22) FAF（2012a）；FAF（2012b），p7.
23) FASB（2012），*PCC Members.*
24) FASB（2013c）Private Company Council, *Guide1: Determining Recognition and Measurement Guidance.*
25) AICPA（2012a）.
26) AICPA（2012b），*Why would small- and medium-sized entities use the FRF for SMEs?* .
27) AICPA（2012c），*Proposed Financial Reporting Framework for Small- and Medium-Sized*

Entities,p.1；浦崎（2013），317 頁。
28) 田村（2004）。
　　なぜカナダの CICA ハンドブックを複製したのかについては検討が必要である。田村氏は,SFAS131 号が, 以前は OECD であったが現在はカナダの基準をもとに策定されていることを指摘し, 輸出入の視点から「アメリカにおける主要取引先が OECD からカナダへ移っていることによる影響ではないか」との見解を示している。
29) AICPA（2012c）, *Proposed Financial Reporting Framework for Small- and Medium-Sized Entities, Features of the FRF for SMEs*；浦崎（2013），320 頁。
30) AICPA（2013a）, *Preface About Financial Reporting Framework for Small- and Medium-Sized Entities.*
31) 河﨑氏の指摘による。河﨑（2013b），19 頁。
32) 浦崎氏の指摘による。浦崎（2013），320 頁。
33) 杉本・趙編著（2011），2-18 頁；中小企業庁「諸外国における会計制度の概要」, 27 頁。
34) 杉本・趙編著（2011），16 頁；韓国 KPMG（2012）。
35) 中小企業庁「中小企業の会計に関する研究会報告書」。
36) 日本税理士会連合会「中小会社会計基準研究会報告書」。
37) 日本公認会計士協会「中小会社の会計のあり方に関する研究報告（最終報告）要約版」。
38) 日本税理士会連合会, 日本公認会計士協会, 日本商工会議所, 企業会計基準委員会「『中小企業の会計』の統合に向けた検討委員会」。
39) 日本税理士会連合会, 日本公認会計士協会, 日本商工会議所, 企業会計基準委員会「中小企業の会計に関する指針」。
40) 中小企業庁・金融庁「中小企業の会計に関する基本要領」。
41) 山下（2012）において両者の検討が, 詳しくなされている。
42) 中小企業の企業属性とは「資本主と経営者が同じ」,「内部統制が十分でない」,「資金調達形態が金融機関からの借り入れが中心」等である。中小企業庁・金融庁「『中小企業の会計に関する基本要領』（中小会計要領）の概要」,「中小企業の実態」。
43) 河﨑（2010），747-748 頁。
44) 提供資料による。韓国の「一般企業会計基準」,「中小企業会計基準」, 韓国の現状に関し, 関西学院大学　杉本徳栄教授より資料のご提供・ご示唆をいただいている。
45) 宗田（2013），29-46 頁。
46) 杉本・趙編著（2011），1 頁。
47) 新日本有限責任監査法人（2012），28 頁。
48) 佐藤行弘氏「中小企業会計学会　創立総会（2013 年 8 月 28 日）」の指摘による。
49) 新日本有限責任監査法人（2011）の指摘による。
50) 杉本氏の指摘による。杉本（2012），71-72 頁。
51) 河﨑氏の指摘による。河﨑（2012c），26 頁。

〈謝辞〉
　韓国における会計基準の内容・動向については, 関西学院大学　杉本徳栄教授のご指導をいただいている。記して感謝申し上げる。

参考文献

秋坂朝則(2006)『新改訂　商法改正の変遷とその要点』一橋出版。
石井和敏・中根正文(2007)「IASB からの公開草案—IFRS for SMEs(中小企業向け国際財務報告基準)の概要」『季刊　会計基準』第 17 号,228-237 頁。
岩井恒太郎(2012)「わが国の IFRS 導入と法的な対応の可能性—『連単分離』と『複数会計基準』による円滑な受容を求めて—」『立教経済学研究』立教大学,第 66 巻 第 1 号,85-110 頁。
岩邊晃三(1987a)「『中小企業簿記要領』の意義と内容(上)」『社会科学論集』埼玉大学経済研究室,第 61 号,13-40 頁。
岩邊晃三(1987b)「『中小企業簿記要領』の意義と内容(下)」『社会科学論集』埼玉大学経済研究室,第 62 号,95-121 頁。
上西左大信(2012)「中小会計要領の制定が中小企業実務に与える影響」『税研』第 28 巻 第 1 号,43-49 頁。
浦崎直浩(2013)「特別目的の財務報告フレームワークと中小企業会計—AICPA の FRF for SMEs を中心として—」『會計』第 184 巻 第 3 号,316-330 頁。
岡部勝成(2006)「キャッシュ・フロー計算書の構造と有用性—債権者から見た中小企業—」『會計』第 170 巻 第 1 号,117-127 頁。
岡部勝成(2008)「経営意思決定に対するキャッシュ・フロー計算書の影響—福岡県における中小企業を中心にして—」『経営教育研究』第 11 巻 第 2 号,109-123 頁。
岡部勝成(2011)「中小企業版 IFRS の導入によるキャッシュ・フロー計算書への影響—中小企業に対するアンケート調査を中心に—」『會計』第 179 巻 第 6 号,809-819 頁。
岡部勝成(2013)「『中小企業の会計に関する基本要領』の現状と課題」『會計』第 183 巻 第 4 号,481-492 頁。
沖野光二(2012)「英国財務報告制度の将来像の新たな展開—英国 ASB 財務報告公開草案(草案 FRS100,101and102)を手掛かりとして—」『国際会計研究学会　年報 2011 年度』第 2 号,75-91 頁。
小津稚加子(2009)「SME 版 IFRS の開発過程—公開草案(ED)構造化はどのようになされたのか—」『經濟學研究』九州大学経済学会,第 75 巻 第 5・6 合併号,65-78 頁。
金子宏(1981)『租税法(補正版)』弘文堂。
金子宏(2013)『租税法(第 18 版)』弘文堂。

河﨑照行（2008）「『中小会社会計指針』の制度的意義と課題」『甲南会計研究』甲南大学，第2号，87-95頁。
河﨑照行（2009a）「中小企業における簿記の意義と役割」『會計』第176巻 第3号，307-318頁。
河﨑照行（2009b）「IFRS導入に対する三層モデルの提言」『TKC』第441号，1頁。
河﨑照行（2009c）「IFRSと中小企業の会計」『税経通信』第64巻 第14号，41-45頁。
河﨑照行（2010）「『中小企業版IFRS』の特質と導入の現状」『會計』第178巻 第6号，737-748頁。
河﨑照行（2011a）「『中小企業の会計』の新展開─『中小企業の会計に関する研究会・中間報告書』の概要─」『税経通信』第66巻 第1号，39-46頁。
河﨑照行（2011b）「『中小企業版IFRS』の概念フレームワークの特質」『甲南会計研究』甲南大学，第5号，1-11頁。
河﨑照行（2011c）「英国の会計制度改革と『中小企業版IFRS』」『会計・監査ジャーナル』第23巻 第4号，137-142頁。
河﨑照行（2012a）「日本における中小企業会計の現状と課題」『甲南会計研究』甲南大学，第6号，1-9頁。
河﨑照行（2012b）「SME基準と諸外国における小規模会社の会計ルール」『税研』第28巻 第1号，50-55頁。
河﨑照行（2012c）「『中小会計要領』の全体像と課題」『企業会計』第64巻 第10号，25-31頁。
河﨑照行（2012d）「『中小企業の会計』の制度的定着化」『會計』第182巻 第5号，599-611頁。
河﨑照行（2013a）『新「概念フレームワーク」と中小企業会計』第三回国際会計研究学会西日本部会発表資料，1-13頁。
河﨑照行（2013b）「米国における中小企業会計の新たな動向」『税経通信』第68巻 第10号，17-23頁。
河﨑照行編著（2015）『中小企業の会計制度─日本・欧米・アジア・オセアニアの分析─』中央経済社。
河﨑照行・万代勝信編著（2012）『詳解　中小会社の会計要領』中央経済社。
川西安喜（2011a）「非公開企業のための会計基準設定に関するブルー・リボン・パネルの報告書」『会計・監査ジャーナル』第23巻 第4号，105-110頁。
川西安喜（2011b）「コメント募集『非公開企業会計基準改善会議を設置する計画』」『会計・監査ジャーナル』第23巻 第12号，35-40頁。

記虎優子（2009）「企業の社会的責任（CSR）の一環としての情報開示志向と企業ウェブサイトにおける情報開示の関係―テキストマイニングを利用して―」『会計プログレス』第 10 号，28-42 頁。
キム・イルソプ・権泰殷・杉本徳栄訳（2001）「韓国における会計改革」『企業会計』第 53 巻 第 4 号，104-109 頁。
櫛部幸子（2012a）「『中小企業の会計に関する研究報告書』の内容と影響」『関西学院商学研究』関西学院大学，第 64 号，77-98 頁。
櫛部幸子（2012b）「統一された中小企業会計指針策定への動き―中小企業の会計をめぐる 3 研究報告書の比較―」『関西学院商学研究』関西学院大学，第 65 号，33-57 頁。
櫛部幸子（2013a）「IFRS for SMEs の認識・測定における簡素化,除外に関する一考察」『産業経理』第 73 巻 第 1 号，139-153 頁。
櫛部幸子（2013b）「中小企業向け国際財務報告基準（IFRS for SMEs）に関する一考察　クロスレファレンスをめぐる問題」『国際会計研究学会年報』2012（1）号，97-110 頁。
櫛部幸子（2013c）「IFRS for SMEs 公開草案の策定経緯」『商學論究』関西学院大学，第 61 巻第 1 号，53-72 頁。
櫛部幸子（2014）「我が国における中小企業会計基準の動向」『會計』第 185 巻 第 3 号，389-402 頁。
櫛部幸子（2015）「日本・韓国・アメリカにおける中小企業会計基準策定の動向とその背景」『国際会計研究学会年報』2014（1）号，85-99 頁。
国田清志（2008）「会計基準の国際化における中小企業の会計基準のあり方」『専修商学論集』専修大学，第 88 号，161-169 頁。
黒澤清（1981）「商法改正によせて　日本商法の歴史的転回」『企業会計』第 33 巻 第 7 号，5-13 頁。
国際会計研究学会（2011）「各国の中小企業版 IFRS の導入実態と課題（研究グループ報告書〈最終報告〉河﨑照行委員長）」『国際会計研究学会年報』2011（1）号。
小見山満・石井和敏（2009）「IASB-IFRS for SMEs（中小企業向け国際財務報告基準）の概要」『会計・監査ジャーナル』第 21 巻 第 11 号，41-47 頁。
斎藤静樹編著（2007）『詳解「討議資料・財務会計の概念フレームワーク」（第 2 版）』中央経済社。
三枝一雄（1973）「昭和 25 年商法改正の歴史的意義」『法律論叢』明治大学法律研究所，69-151 頁。
佐藤信彦（2012）「中小企業会計基本要領と中小会計指針との異同点とその関係」『税

研』第 28 巻 第 3 号，33-38 頁。
品川芳宣（2012）「『中小会計要領』の制定と中小企業会計の今後の方向」『税経通信』第 67 巻 第 5 号，17-23 頁。
品川芳宣・河﨑照行・弥永真生・坂本孝司（2012）「特別座談会『中小企業の会計に関する基本要領』の取りまとめの背景と意義」『TKC 会報』6 月号別冊。
杉本徳栄（2007）「韓国の財務報告基準（IFRSs）導入のロードマップについて」『企業会計』第 59 巻 第 6 号，70-77 頁。
杉本徳栄（2008）『国際会計（改訂版）』同文舘出版。
杉本徳栄（2009）「米国内での IFRS 適用に向けた動き」『企業会計』第 61 巻 第 1 号，61-74 頁。
杉本徳栄（2012）「IFRS 強制適用問題の種間托卵化（西日本部会・統一論題報告 IFRS の苦悩と挑戦）」『国際会計研究学会年報』2011（2）号，61-74 頁。
杉本徳栄・趙盛豹編著（2011）『韓国企業の IFRS 導入』中央経済社。
宗田健一（2013）「自国で会計基準開発・設定権限を持つ意義―受け入れ可能な IFRS の作り込みを視野に入れて―」『商経論叢』鹿児島県立短期大学, 第 64 号，29-46 頁。
武田隆二編（2003）『中小会社の会計』中央経済社。
武田隆二編著（2006a）『新会社法と中小会社会計』中央経済社。
武田隆二編著（2006b）『中小会社の会計指針』中央経済社。
田村真由美（2004）「米国会計基準作成の Background」『リエゾンニュースレター』第 24 巻 12 月号。
西川登（2003）「非公開中小会社のための会計基準のあり方―中小企業・日税連・会計士協会の考え方の比較検討―」『商経論叢』神奈川大学経済学会, 第 39 巻 第 2 号，41-62 頁。
西川登（2005）「『中小企業の会計』の統合化と会計基準の権威」『商経論叢』神奈川大学経済学会, 第 40 巻 第 4 号，51-63 頁。
日本税理士会連合会（2003）『中小会社　会計基準要覧』六法出版社。
平賀正剛（2008）「中小企業のための IFRS 公開草案に関する一考察」『経営学研究』愛知学院大学, 第 17 巻 第 4 号，43-72 頁。
平賀正剛（2009）「中小企業のための IFRS に関する一考察（2）―発展途上国からのコメント・レターの分析を中心に―」『経営管理研究所紀要』愛知学院大学, 第 16 号，41-51 頁。
平野光利・西川登（2008）「『中小企業の会計に関する指針』の意義と課題」『商経論叢』神奈川大学経済学会, 第 43 巻 第 3・4 合併号，1-34 頁。

参考文献

平松一夫編著（2007）『国際財務報告論』中央経済社。
平松一夫（2009）「会計の国際事情―国際的コンバージェンスについて―」『TKC』第438号，40-47頁。
平松一夫監修（2012）『IFRS国際会計基準の基礎（第2版）』中央経済社。
深谷和広（2010）「SMEs国際会計基準の適応対象とは？」『東邦学誌』愛知東邦大学，第39巻第2号，1-12頁。
福井幸男（2001）『知の統計学〈1〉―株価からアメリカンフットボールまで―（第2版）』共立出版。
福井幸男（2009）『統計学の力―ベースボールからベンチャービジネスまで―』共立出版。
藤川義雄（2011）「中小企業向けIFRSの概要と特徴」『京都学園大学経済学論集』京都学園大学，第20巻第2号，33-42頁。
細田尚彦（1991）「『企業会計原則』と『中小企業簿記要領』」『産業経理』第51巻第3号，21-30頁。
松井泰則（2006）「EU会計の夜明けとIAS/IFRSの新局面」『立教経済学研究』立教大学，第59巻第4号，57-71頁。
松村真宏・三浦麻子（2009）『人文・社会科学のためのテキストマイニング』誠信書房。
万代勝信（2012）「中小会計要領の制定の経緯と概要」『税研』第28巻第1号，26-32頁。
柳澤義一（2003）『新しい中小企業の会計実務早わかり』税務研究会出版局。
山下壽文（2012）「わが国の中小企業会計基準の展開～『中小企業の会計に関する基本要領』をめぐって～」『佐賀大学経済論集』佐賀大学，第45巻第4号，49-72頁。
山田辰巳（2012）「IASBの概念フレームワーク」『會計』第181巻第4号，509-520頁。
山本繁（1986）「中小企業会計の研究―記帳・記録保存制度を中心に―」『三田商学研究』慶應義塾大学商学会，第29巻第5号，10-24頁。
蕗田英人（2006）「会計参与制度の論点と展望」『神奈川法学』神奈川大学，第38巻第2・3号，185-204頁。
水澤慶緒里（2013）「テキストマイニングを用いた過剰適応像の検討 A Study of Over-Adaptation Images Using a Text Mining Method and Looking for Patterns in Texts」『関西学院大学心理科学研究』第39号，75-80頁。
Hiramatsu, K. (2014) Accounting Standards for SMEs in Japan, *The Messenger of Professional Accountants* (Official Journal of Professional Accountants (NIPA, Russia)), Issue 406, pp.22-24.
Kawasaki, T. and T. Sakamoto (2014) *General Accounting Standard for Small-and*

Medium-sized Entities in Japan, Wiley.

Kushibe, S.（2015）Comparison and Future Prospects of Accounting Standards for SMEs in Japan, *International Review of Business*, No.15, pp.81-90.

Mackenzie, B., A. Lombard, D. Coetsee, T. Njikizana, R. Chamboko and E. Selbst （2010）*Applying IFRS for SMEs,* Wiley.（河﨑照行監訳（2011）『シンプル IFRS』中央経済社）

Tanaka, G.（2014）The Movements Toward the Convergence of Accounting Standards in Peru, *International Review of Business*, No.14, pp.25-60.

参考資料

あずさ監査法人(2014)「FASB—非公開企業に関する新たなガイダンスを公表」*Defining Issues*, 第14巻第7号。
一般社団法人全国信用保証協会連合会(2006)「信用保証 大幅な運用改善実施」。
一般社団法人全国信用保証協会連合会(2011)「責任共有制度」。
韓国KPMG(2012)*Japanese Practice Weekly Newsletter.*
財務総合政策研究所(2011)「法人企業統計・年次別調査・平成23年度」。
新日本有限責任監査法人(2008)「平成19年度 中小企業の会計に関する実態調査事業 集計・分析結果(最終報告書)」3月。
新日本有限責任監査法人(2009)「平成20年度中小企業の会計に関する実態調査事業 集計・分析結果 報告書」3月。
新日本有限責任監査法人(2010)「平成21年度中小企業の会計に関する実態調査事業 集計・分析結果 報告書」3月。
新日本有限責任監査法人(2011)「平成22年度中小企業の会計に関する実態調査事業 集計・分析結果 報告書」3月。
新日本有限責任監査法人(2012)「平成24年度 諸外国における中小企業の会計制度に関する調査研究事業調査報告書」。
中小企業庁(2002)「中小企業の会計に関する研究会第1回議事要旨」3月11日。
中小企業庁(2002)「中小企業の会計に関する研究会第2回議事要旨」3月29日。
中小企業庁(2002)「中小企業の会計に関する研究会第3回議事要旨」4月22日。
中小企業庁(2002)「中小企業の会計に関する研究会第4回議事要旨」5月10日。
中小企業庁(2002)「中小企業の会計に関する研究会第5回議事要旨」5月22日。
中小企業庁(2002)「中小企業の会計に関する研究会第6回議事要旨」6月7日。
中小企業庁(2002)「中小企業の会計に関する研究会第7回議事要旨」6月21日。
中小企業庁(2002)「中小企業の会計に関する研究会報告書」6月。
中小企業庁(2002)「『中小企業の会計に関する研究会』中間報告書」9月。
中小企業庁(2005)「『中小企業の会計に関する指針』の公表について」8月3日。
中小企業庁(2010)「中小企業会計に係る論点について」2月。
中小企業庁(2010)「会計基準の国際化を巡る現状について」2月。
中小企業庁(2010)「中小企業憲章について」6月18日。
中小企業庁(2010)「諸外国における会計制度の概要」9月。
中小企業庁(2010)「平成22年度中小企業経営承継円滑化法 申請マニュアル」。

中小企業庁（2012）「信用保証協会が行う中小企業の会計処理による割引制度の見直し」3月22日。
中小企業庁（2013）「中小企業白書2013年版」4月26日。
中小企業庁・金融庁（2010）「中小企業の会計に関する研究会中間報告書」9月30日。
中小企業庁・金融庁（2011）「『中小企業の会計に関する検討会』の設置について」2月。
中小企業庁・金融庁（2011）「中小企業の会計に関する検討会 委員等名簿」2月21日。
中小企業庁・金融庁（2011）「中小企業の会計に関する検討会第1回検討会議事要旨」2月15日。
中小企業庁・金融庁（2011）「中小企業の会計に関する検討会第2回検討会議事要旨」10月28日。
中小企業庁・金融庁（2012）「中小企業の会計に関する検討会第3回検討会議事要旨」1月27日。
中小企業庁・金融庁（2012）「中小企業の会計に関する検討会第4回検討会議事要旨」3月23日。
中小企業庁・金融庁（2011）「中小企業の会計に関する検討会 ワーキンググループ 委員等名簿」2月21日。
中小企業庁・金融庁（2011）「中小企業の会計に関する検討会 第1回ワーキンググループ 議事要旨」2月21日。
中小企業庁・金融庁（2011）「中小企業の会計に関する検討会 第2回ワーキンググループ 議事要旨」3月4日。
中小企業庁・金融庁（2011）「中小企業の会計に関する検討会 第3回ワーキンググループ 議事要旨」3月28日。
中小企業庁・金融庁（2011）「中小企業の会計に関する検討会 第4回ワーキンググループ 議事要旨」4月26日。
中小企業庁・金融庁（2011）「中小企業の会計に関する検討会 第5回ワーキンググループ 議事要旨」5月17日。
中小企業庁・金融庁（2011）「中小企業の会計に関する検討会 第6回ワーキンググループ 議事要旨」6月22日。
中小企業庁・金融庁（2011）「中小企業の会計に関する検討会 第7回ワーキンググループ 議事要旨」8月10日。
中小企業庁・金融庁（2011）「中小企業の会計に関する検討会 第8回ワーキンググループ 議事要旨」9月2日。
中小企業庁・金融庁（2011）「中小企業の会計に関する検討会 第9回ワーキングルー

プ 議事要旨」10月7日。
中小企業庁・金融庁（2011）「中小企業の会計に関する検討会 第10回ワーキンググループ 議事要旨」12月26日。
中小企業庁・金融庁（2012）「中小企業の会計に関する検討会 第11回ワーキンググループ 議事要旨」2月20日。
中小企業庁・金融庁（2012）「中小企業の会計に関する検討会 第12回ワーキンググループ 議事要旨」3月16日。
中小企業庁・金融庁（2012）「中小企業の会計に関する検討会報告書（中間報告）」2月。
中小企業庁・金融庁（2012）「中小企業の会計に関する基本要領」2月1日。
中小企業庁・金融庁（2012）「『中小企業の会計に関する基本要領』（中小会計要領）の概要」2月。
中小企業庁・金融庁（2012）「『中小企業の会計に関する基本要領（案）』に対する意見募集の結果について」2月1日。
独立行政法人日本貿易振興機構（ジェトロ）（2012）「韓国の税務・会計に関するブリーフィングレポート」3月。
日本公認会計士協会（2002）「中小会社の会計のあり方に関する研究報告（経過報告）」6月。
日本公認会計士協会（2003）「中小会社の会計のあり方に関する研究報告（最終報告）要約版」6月。
日本商工会議所・日本税理士会連合会・日本公認会計士協会・日本経済団体連合会・企業会計基準委員会（2010）「非上場会社の会計基準に関する懇談会報告書」8月30日。
日本税理士会連合会（2002）「中小会社会計基準研究会報告書」12月。
日本税理士会連合会,日本公認会計士協会,日本商工会議所,企業会計基準委員会（2005）「『中小企業の会計』の統合に向けた検討委員会」3月。
日本税理士会連合会,日本公認会計士協会,日本商工会議所,企業会計基準委員会（2005）「中小企業の会計に関する指針」8月1日。
日本税理士会連合会,日本公認会計士協会,日本商工会議所,企業会計基準委員会（2005）「『中小企業の会計に関する指針』の公表について」8月3日。
日本税理士会連合会,日本公認会計士協会,日本商工会議所,企業会計基準委員会（2006）「『中小企業の会計に関する指針』の公表について」4月28日。
日本税理士会連合会,日本公認会計士協会,日本商工会議所,企業会計基準委員会（2006）「中小企業の会計に関する指針の改正 旧指針との対照表」4月25日。

日本税理士会連合会, 日本公認会計士協会, 日本商工会議所, 企業会計基準委員会（2007）「『中小企業の会計に関する指針』の公表について」5月2日。
日本税理士会連合会, 日本公認会計士協会, 日本商工会議所, 企業会計基準委員会（2007）「中小企業の会計に関する指針（平成19年版）と旧指針との対照表」4月27日。
日本税理士会連合会, 日本公認会計士協会, 日本商工会議所, 企業会計基準委員会（2008）「『中小企業の会計に関する指針』の公表について」5月2日。
日本税理士会連合会, 日本公認会計士協会, 日本商工会議所, 企業会計基準委員会（2008）「中小企業の会計に関する指針（平成20年版）と旧指針との新旧対照表」5月1日。
日本税理士会連合会, 日本公認会計士協会, 日本商工会議所, 企業会計基準委員会（2009）「『中小企業の会計に関する指針』の公表について」4月17日。
日本税理士会連合会, 日本公認会計士協会, 日本商工会議所, 企業会計基準委員会（2009）「中小企業の会計に関する指針の一部改正について」4月17日。
日本税理士会連合会, 日本公認会計士協会, 日本商工会議所, 企業会計基準委員会（2010）「『中小企業の会計に関する指針』の公表について」4月26日。
日本税理士会連合会, 日本公認会計士協会, 日本商工会議所, 企業会計基準委員会（2010）「中小企業の会計に関する指針の一部改正について」4月26日。
日本税理士会連合会, 日本公認会計士協会, 日本商工会議所, 企業会計基準委員会（2011）「『中小企業の会計に関する指針』の公表について」7月20日。
日本税理士会連合会, 日本公認会計士協会, 日本商工会議所, 企業会計基準委員会（2013）「『中小企業の会計に関する指針』の公表について」2月22日。
日本税理士会連合会, 日本公認会計士協会, 日本商工会議所, 企業会計基準委員会（2013）「中小企業の会計に関する指針 新旧対照表」2月22日。
有限責任監査法人トーマツ（2011）「平成22年度総合調査研究 会計基準改訂にかかる情報開示制度等に関する調査研究」。
AICPA（American Institute of Certified Public Accountants）（2012a）AICPA News Update, AICPA Publishes FAQ on Upcoming OCBOA Financial Reporting Framework for Smaller Businesses.
AICPA（2012b）Private Company Financial Reporting Frequently Asked Questions.
AICPA（2012c）Financial Reporting Framework for Small and Medium-Sized Entities Exposure Draft Available for Comment, No.1.
AICPA（2013a）Financial Reporting Framework for Small and Medium-Sized

Entities.
AICPA（2013b）OCBOA and Supplementary Information.
ANC（L'Autorité des normes comptables）（2011）PRESS RELEASE Proposal for simplifying accounting obligations for small listed companies.
ASB(Accounting Standards Board)（2008）Financial Reporting Standard for Smaller Entities.
ASB（2009）Policy Proposal: The Future of UK GAAP.
EC（European Commission）（2009）Consultation Paper, Consultation on The International Financial Reporting Standard for Small and Medium-sized Entities.
EC（2010a）Questionnaire, Consultation on The International Financial Reporting Standard for Small and Medium-sized Entities.
EC（2010b）Summary Report of The Responses Received to The Commission's Consultation on The International Financial Reporting Standard for Small and Medium-sized Entities, Directorate-General for The Internal Market and Services.
EFRAG（European Financial Reporting Advisory Group）（2010）Compatibility Analysis: IFRS for SMEs and the EU Accounting Directives.
EU（European Union）（2010）Summary Report of The Responses Received to The Commission's Consultation on The International Financial Reporting Standard for Small and Medium-Sized Entities.
FAF（Financial Accounting Foundation）（2011a）For Immediate Release, Blue-Ribbon Panel Addressing Standards for Private Companies Submits Report of Recommendations to Financial Accounting Foundation.
FAF（2011b）Blue-Ribbon Panel on Standard Setting for Private Companies.
FAF（2011c）Board of Trustees ,Plan to Establish the Private Company Standards Improvement Council.
FAF（2012a）Establishes New Council to Improve Standard Setting for Private Companies.
FAF（2012b）Establishment of The Private Company Council.
FASB（Financial Accounting Standards Board）（2011）Not-for-Profit Advisory Committee Recommends Improvements to Financial Reporting, CT.
FASB（2012）Private Company Council ［PCC］.

FASB（2013a）Definition of a Public Business Entity An Addition to the Master Glossary.
FASB（2013b）Private Company Council Adds Three Projects to Its Agenda, Votes to Seek More Input on Private Company Decision-Making Framework.
FASB（2013c）Private Company Council ,Private Company Decision-Making Framework A Guide for Evaluating Financial Accounting and Reporting for Private Companies.
IASB（International Accounting Standards Board）（2001）Constitution.
IASB（2004a）Comment Letter Index - Discussion Paper Preliminary Views on Accounting Standards for Small and Medium-sized Entities.
IASB（2004b）Discussion Paper, Preliminary Views on Accounting Standards for Small and Medium-sized Entities.
IASB（2005a）Staff Questionnaire on Possible Recognition and Measurement Modifications for Small and Medium-sized Entities（SMEs）.
IASB（2005b）Accounting Standards for Small and Medium-sized Entities（Agenda Paper 11）.
IASB（2007a）Press Release, IASB publishes draft IFRS for SMEs.
IASB（2007b）A Staff Overview.
IASB（2007c）Basis for Conclusions on Exposure Draft IFRS for SMEs.
IASB（2007d）Comment Letters.
IASB（2007e）Draft Implementation Guidance IFRS for SMEs.
IASB（2007f）Exposure Draft of A Proposed IFRS for SMEs.
IASB（2007g）IFRS for SMEs Compliance Checklist.
IASB（2007h）Press Release, IASB launches field tests of SME exposure draft.
IASB（2007i）IFRS for SMEs Field Tests during the Exposure Period.
IASB（2007j）Field Test of SME Exposure Draft.
IASB（2008a）Information for Observers, Overview of Key Issues Raised in Comment Letters and Project Plan.
IASB（2008b）Summary of Issues Raised in the Field Tests（AgendaPaper 6）.
IASB（2008c）IFRS for SMEs Summary of ACCA Field-testing on the IASB's Exposure Draft.
IASB（2009a）IFRS.（企業会計基準委員会監訳, 公益財団法人財務会計基準機構監訳（2009）『国際財務報告基準（IFRS）2009』中央経済社。）

参考資料

IASB（2009b）Questionnaire Consultation on The International Financial Reporting Standard for Small and Medium-sized Entities.
IASB（2009c）Meeting summaries and observer notes.
IASB（2009d）Full Project Summary.
IASB（2009e）IFRS for SMEs Fact Sheet.
IASB（2009f）Press Release ,IASB publishes IFRS for SMEs.
IASB（2009g）Small and Medium-sized Entities Working Group.
IASB（2009h）IFRS for SMEs.
IASB（2009i）IAS Plus IFRS for SMEs.
IASB（2009j）Consultation paper,Consultation on The International Financial Reporting Standard for Small and Medium-sized Entities.
IASB（2010a）Training Material for the IFRS® for SMEs.
IASB（2010b）Questionnaire Consultation on the International Financial Reporting Standard for Small and Medium-sized Entities.
IASB（2010c）Summary Report of the Responses Received to the Commission`s Consultation on the International Financial Reporting Standard for Small and Medium-Sized Entities.
IASB（2010d）Summary of ASB Proposals.
IASB（2010e）Compatibility Analysis IFRS for SMEs and the Council Directives.
IASB（2011）IASB proposes adjustment to effective date of IFRS 9.
IASB（2012a）IFRS.（企業会計基準委員会監訳, 公益財団法人財務会計基準機構監訳（2012）『国際財務報告基準（IFRS）2012』中央経済社。）
IASB（2012b）Update on the IFRS for SMEs.
IASB（2012c）A Guide to the IFRS for SMEs.
IASC（International Accounting Standards Committee）（2000）Statement by The Board of The International Accounting Standards Committee.
ICAEW（Institute of Chartered Accountants in England and Wales）（2012）The Future of UK GAAP.
Ministère de l'économie, de l'industrie et de l'emploi ,France（2010）Fabrice DEMARIGNY, Un « Small Business Act »du droit boursier européen Mettre en place un environnement financier et réglementaire adapté aux petits et moyens émetteurs cotés en Europe（« SMILEs »）, Rapport établi par Fabrice DEMARIGNY.

SEC (Securities and Exchange Commission) (2008) Smaller Reporting Company Regulatory Relief and Simplification Agency.

SEC (2013) Smaller Reporting Company Regulatory Relief and Simplification Agency.

参考ウェブページ

「諸外国における会計制度の概要 中小企業の会計に関する研究会事務局 参考資料1」
(http://www.meti.go.jp/committee/summary/0004658/007_06j.pdf#search='諸外国における会計制度の概要 中小企業の会計に関する研究会事務局 参考資料1')。
「政府税制調査会法人課税小委員会報告（平成8年11月）」
(https://www.asb.or.jp/asb/asb_j/documents/begriff/begriff_20061228.pdf)。
「責任共有制度」(http://www.zenshinhoren.or.jp/guarantee-system/hokan.html)。
「太陽ASGグループ 中堅企業経営者意識調査」
(http://www.gtjapan.com/pdf/press/press_20100701.pdf#search='ASGグループ中堅企業経営者意識調査)。
「中小企業の会計31問31答」
(http://www.chusho.meti.go.jp/zaimu/kaikei/pamphlet/2011/download/kaikei_2011_02.pdf)。
「中小企業の会計統合に向けた検討委員会」
(http://www.meti.go.jp/press/20050323007/050323kaikei.pdf#search='中小企業の会計統合に向けた検討委員会')。
「中小企業の会計に関する検討会」
(http://www.chusho.meti.go.jp/zaimu/kaikei/kento/index.htm)。
「『中小企業の会計に関する指針』の適用に関するチェックリスト」
(http://www.nichizeiren.or.jp/taxaccount/pdf/checklist150603.pdf)。
「討議資料 財務会計の概念フレームワーク」
(https://www.asb.or.jp/asb/asb_j/documents/begriff/begriff_20061228.pdf)。
「非上場会社の会計基準に関する懇談会」
(https://www.asb.or.jp/asb/asb_j/establishment/)。
「法人税更正処分等取消請求控訴事件（大阪高裁，1991年12月19日）」
(http://www.oft.co.jp/02-2/033-4/h-31219-6125.html)。
「Directorate-General for The Internal Market and Services」
(http://ec.europa.eu/internal_market/accounting/docs/ifrs/2010-05-31_ifrs_sme_consultation_summary_en.p)。
「International Financial Reporting Standard for Small and Medium-sized Entities Compliance checklist」

(http://www.ifrs.org/NR/rdonlyres/DD6C9A1C-3E60-4D92-85DA-56A436FC4DB5/0/Compliance_checklist.doc).
「Overview of Key Issues Raised in Comment Letters and Project Plan」
(http://www.ifrs.org/NR/rdonlyres/333FABA3-1E15-47DA-BDED-A64ED415C658/0/SME0803b04obs.pdf).
「Summary of ASB Proposals」
(http://www.icaew.com/en/technical/financial-reporting/uk-gaap/uk-gaap-consultations/the-future-of-financial-reporting-in-the-uk).
「Training modules」(http://www.ifrs.org/IFRS+for+SMEs/Training+Modules.htm).
「TTM: TinyTextMiner β version」(http://mtmr.jp/ttm/).

索　引

英数字

A Staff Overview ……………………… 8
AICPA ………………………………… 173
Alternext ……………………………… 30
ASBJ …………………………………… 86

BRP …………………………………… 174
BRP 報告書 …………………………… 175

CICA …………………………………… 174
compatibility（共存性）……………… 29

EFRAG ………………………………… 29
Euronext Paris ………………………… 30
EU 会計指令 …………………………… 29
EU 版 IFRS …………………………… 30

FAF …………………………………… 174
FASB ………………………………… 173
FRF for SMEs ………………………… 178
FRSME ………………………………… 30
full IFRS ………………………………… 6
Full Project Summary ………………… 7

IASB …………………………………… 6
IASC …………………………………… 9
IASCF ………………………………… 9
IFRS for SMEs ………………………… 6
IFRS for SMEs Fact Sheet …………… 7
IFRS for SMEs の策定目的 ………… 76
IFRS for SMEs の対象となる会社 …… 75

KAI …………………………………… 178
KASB ………………………………… 178
K-IFRS ……………………………… 178

NASBA ……………………………… 174
NYSE Euronext ……………………… 30

OCBOA ……………………………… 178

PCC …………………………………… 173
PCFRC ……………………………… 174
PCG …………………………………… 30
PCSIC ………………………………… 176
Private Company Decision-Making
　　Framework …………………… 176
Private Company Decision-Making
　　Framework A Guide for Evaluating
　　Financial Accounting and
　　Reporting for Private Companies
　　…………………………………… 176
Project History ………………………… 7

Rule of Five …………………………… 42

SME …………………………………… 6
SME 経営のグローバル化 …………… 77
SME におけるコスト・ベネフィット … 82
Stand-alone document ………………… 14

US-GAAP …………………………… 173

207

あ

青色申告制度 ……………………… 134
アジア通貨危機 …………………… 185
アドプション ……………………… 185

一般企業会計基準 ………………… 179

円卓会議 ……………………………… 50
エンドースメント ………………… 185

欧州財務報告アドバイザリーグループ
　（EFRAG）………………………… 29

か

外貨建取引 ………………………… 112
会計基準の二元化 ………………… 186
会計参与 …………………………… 120
会計参与制度 ……………………… 120
会計方針の変更 …………………… 104
カイ二乗検定 ……………………… 42
概念フレームワーク ……………… 77
確定決算主義 ……………………… 134
貸倒引当金 ………………………… 106
カナダ勅許会計士協会（CICA）……… 174
韓国会計基準委員会（KASB）………… 178
韓国会計基準院（KAI）…………… 178
監査役設置会社 …………………… 121

企業会計基準委員会（ASBJ）……… 86
基準諮問会議 ……………………… 50
記帳・記録保存制度 ……………… 134
基本的特性 ………………………… 77
キャッシュ・フロー計算書 ……… 53
金融商品に係る会計基準 ………… 106

繰延資産 …………………………… 109
クロスレファレンス ……………… 24

継続性の原則 ……………………… 104
減価償却 …………………………… 108

公開草案 ……………………………… 14
公正価値測定 ……………………… 37
公的責任を有する ………………… 75
公的説明責任のない企業 ………… 10
互換性 ……………………………… 29
国際会計基準委員会（IASC）……… 9
国際会計基準委員会財団（IASCF）… 9
国際会計基準審議会（IASB）……… 6
コンドースメントアプローチ …… 21
コンポーネントアプローチ ……… 54

さ

最終仕入原価法 …………………… 160
財務会計財団（FAF）……………… 174
財務諸表の質的特性 ……………… 77
作業部会 …………………………… 50

資産・負債アプローチ …………… 77
実効金利法 ………………………… 52
質的基準 ……………………………… 9
シャウプ勧告 ……………………… 134
商法上の小会社 …………………… 93
商法特例法上の小会社 …………… 102
初度適用 …………………………… 55
シングルスタンダード …………… 135
申告納税制度 ……………………… 134
信用保証協会 ……………………… 128
信用保証制度 ……………………… 128
信用保証料 ………………………… 128

索　引

信用保証料率割引制度 …………… 168

税効果会計 ……………………………… 111
生物資産 …………………………………… 53
税法上の繰延資産 …………………… 109
世界会計基準設定者会議 ……………… 50
責任共有制度 ………………………… 129
全米州政府会計審議会連合会（NASBA）
　………………………………………… 174

草案 FRS102 …………………………… 30
相互参照 ………………………………… 24
相当の減価償却 ……………………… 163

た

退職給付債務 ………………………… 109
退職給付制度 ………………………… 109
退職給与引当金 ……………………… 110
ダブルスタンダード ………………… 135

チェックリスト ……………………… 164
中小会計指針 ………………………… 122
中小会計指針の対象 ………………… 124
中小会計指針の目的 ………………… 123
中小会計要領 ………………………… 137
中小会社会計基準研究会 ……………… 94
中小会社会計基準研究会報告書 ……… 94
中小会社の会計のあり方に関する研究
　報告（経過報告） …………………… 95
中小会社の会計のあり方に関する研究
　報告（最終報告） …………………… 95
中小企業会計基準 …………………… 179
中小企業経営承継円滑化法 ………… 130
中小企業憲章 ………………………… 157
中小企業の会計 ………………………… 90

中小企業の会計に関する研究会 … 87, 148
中小企業の会計に関する研究会報告書
　………………………………………… 91
中小企業の会計に関する検討会 …… 153
中小企業の会計の統合に向けた検討委
　員会 ………………………………… 118
中小企業の企業属性 ………………… 166
中小企業のための国際会計基準（IFRS
　for SMEs） …………………………… 6
中小企業版 IFRS ………………………… 6
中小企業簿記要領 …………………… 134

定款事項 ………………………………… 20
デイビッド・トゥウィディー ………… 14
デュープロセス ………………………… 6
デリバティブ …………………………… 53
デリバティブ取引 …………………… 105
電磁的方法における記録・開示 …… 121

討議資料・中小企業の会計基準に関する
　予備的見解 …………………………… 10
特別目的フレームワーク …………… 178
独立型文書（Stand-alone document）
　………………………………………… 14
独立性検定 ……………………………… 43
トップダウン・アプローチ ………… 180

な

2群の母比率の差の検定 ……………… 38
認識と測定の簡素化，除外の可能性に
　ついてのスタッフアンケート …… 11

は

パーチェス法 …………………………… 63
バブル経済 …………………………… 96, 179

209

判断の枠組み ……………………………………… 103

非公開企業 ………………………………………… 10
非公開企業会計基準改善会議(PCSIC)
　……………………………………………………… 175
非公開企業財務報告委員会(PCFRC)
　……………………………………………………… 174
非公開企業評議員会(PCC) …………………… 173
非上場会社の会計基準に関する懇談会
　……………………………………………………… 151

フィールドテスト ………………………………… 16
副次的特性 ………………………………………… 77

米国公認会計士協会(AICPA) ………… 173
米国財務会計基準審議会(FASB) ……… 173

ボトムアップ・アプローチ ………………… 180

【ま】
無形資産(のれん)……………………………… 53

持分決済型株式報酬取引 ……………………… 56
持分プーリング法 ……………………………… 53

【ら】
量的基準 …………………………………………… 9

【著者紹介】

櫛部　幸子（くしべ　さちこ）

1993 年　神戸女学院大学家政学部 卒業
2008 年　大阪学院大学大学院法学研究科 修士課程修了　修士（法学）
2009 年　大阪学院大学大学院商学研究科 修士課程中退
2011 年　関西学院大学商学研究科 博士課程前期課程修了　修士（商学）
2014 年　関西学院大学商学研究科 博士課程後期課程修了　博士（商学）
2015 年　鹿児島国際大学経済学部専任講師，現在に至る

〈主要論文等〉

『会計学の研究方法』（平松一夫監訳，分担翻訳）中央経済社　2015 年。
『中小企業の会計制度　日本・欧米・アジア・オセアニアの分析』（河﨑照行編著，分担執筆）中央経済社　2015 年。
「中小企業向け国際財務報告基準（IFRS for SMEs）に関する一考察　クロスレファレンスをめぐる問題」『国際会計研究学会年報』2012 年度第 1 号　2013 年。
「我が国における中小企業会計基準の動向」『會計』第 185 巻第 3 号　2014 年。
Comparison and Future Prospects of Accounting Standards for SMEs in Japan, *International Review of Business*, Number 15, March 2015.

平成 28 年 3 月 15 日　初版発行　　　　　　　　略称；中小企業会計

中小企業会計基準の課題と展望

　　　著　者　　櫛　部　幸　子
　　　発行者　　中　島　治　久

　　発行所　同 文 舘 出 版 株 式 会 社
　　　　　東京都千代田区神田神保町 1-41　〒 101 0051
　　　　　営業（03）3294-1801　　編集（03）3294-1803
　　　　　振替 00100-8-42935　http://www.dobunkan.co.jp

Printed in Japan 2016　　　　　　DTP：マーリンクレイン
© S. Kushibe　　　　　　　　　　印刷・製本：萩原印刷
　　　　ISBN978-4-495-20411-2

JCOPY 〈出版者著作権管理機構 委託出版物〉
本書の無断複製は著作権法上での例外を除き禁じられています。複製される場合は，そのつど事前に，出版者著作権管理機構（電話 03-3513-6969，FAX 03-3513-6979，e-mail: info@jcopy.or.jp）の許諾を得てください。